LA PRODUZIONE E SELEZIONE DELLE MATERIE PRIME.

Tutte le materie prime provengono da attività agricole, di allevamenti o pesca. Tuttavia, le sue caratteristiche e attitudini per l'industrializzazione si differenziano secondo i metodi di produzione impiegati. Quindi introdurremo gli aspetti più rilevanti della produzione alimentare primaria.

Le politiche agrarie sviluppate nella seconda metà del secolo scorso hanno promosso una agricoltura produttivistica per la necessità di fornire cibo alla popolazione e conseguire una certa stabilità nei mercati. I risultati sono stati l'aumento del reddito agricolo e il mantenimento di prezzi ragionevoli per i consumatori. La generalizzazione di semi ibridi di alta produttività, la meccanizzazione del lavoro, la diffusione dell'irrigazione e l'uso massiccio di fertilizzanti e pesticidi costituisce il supporto tecnologico sul quale ha sostenuto la modernizzazione dell'agricoltura.

Negli ultimi decenni, questo modello produttivo ha mostrato segni di esaurimento, data la grande quantità di input richiesti e la bassa sostenibilità rappresentata dal punto di vista ambientale.

Per questo motivo sono emersi nuovi orientamenti nella produzione e diversi approcci di quello che dovrebbe essere lo sfruttamento delle risorse, con l'intenzione di cambiare direzione, integrando la produzione alimentare, la crescita socioeconomica e la conservazione ambientale.

Da qui arriva:

- Produzione integrata.

- L'agricoltura ecologica.

La produzione integrata è definita come un sistema di sfruttamento che usa al massimo le risorse e meccanismi di produzione naturali e garantisce per un lungo periodo una produzione sostenibile, introducendo in esso metodi di controllo biologico e chimico e altre tecniche che rendano compatibili le esigenze della società, la protezione del medio ambiente e la produttività agricola La produzione integrata deve essere intesa come un modello di produzione a metà strada tra produzione convenzionale e produzione ecologica.

I principali punti di forza della produzione integrata sono:
ottenere cibo di qualità con una garanzia certificata, l'ottimizzazione dei
costi di produzione, la consulenza qualificata e la possibilità di
commercializzare un prodotto che possa rispettare l'ambiente e
salvaguardare la popolazione rurale.

D'altra parte, la produzione biologica generalmente considera che
l'agricoltura e l'allevamento dovrebbero essere integrati nello stesso
sistema, preferibilmente all'interno di un'azienda o, se non è possibile, a
livello locale o regionale. L'obiettivo di questa integrazione è riuscire a
chiudere i cicli di nutrimento e energia nel sistema agricolo e ridurre il
più possibile gli input esterni.

I fondamenti dell'agricoltura ecologica sono l'uso di concime, rotazione
delle colture, utilizzo di risorse proprie o locali per ridurre la dipendenza
dai contributi esterni e chiudere i cicli di nutrienti ed energia nei sistemi
agricoli.

D'altra parte, gli allevamenti biologici lavorano in modo integrato negli
ecosistemi, per poter mantenere o aumentare la fertilità del suolo,
facendo uso razionale delle risorse rinnovabili e chiudendo in modo
naturale il ciclo suolo-pianta-animale.

C'è molta polemica sul fatto che la qualità del cibo ecologico sia
maggiore rispetto alla qualità degli alimenti ottenuti dalla produzione
convenzionale, ma la realtà è quella basata sugli studi scientifici, oggi
come oggi, gli scienziati ritengono che non ci sia alcuna prova scientifica
che quelli ottenuti con la produzione ecologica siano più nutritivi.

D'altra parte, la nuova rivoluzione verde è rappresentata dall'avanzata delle colture transgeniche. I transgenici sono organismi geneticamente modificati ottenuti introducendo un frammento di DNA di una specie nel materiale genetico di un'altra specie.

Sebbene in laboratorio sia stata creata una grande varietà di organismi modificati geneticamente, i più importanti dal punto di vista agricolo sono quelli derivati dal mais e dalla soia, i quali, attraverso questa tecnologia hanno ottenuto la resistenza ai parassiti e erbicidi.

I semi di soia transgenici sono utilizzati principalmente per l'alimentazione negli allevamenti di bestiame, mentre i principali alimenti umani nei quali potrebbero essere trovati ingredienti di origine transgenica sono quelli derivati da cereali, come i cereali per la colazione, biscotti, pasticcini e snack.

Questo fatto, nell'Unione Europea, deve essere chiaramente indicato sull'etichetta.

L'incorporazione di alimenti transgenici nel mercato ha scatenato un acceso dibattito sociale e scientifico sui loro benefici o danni. Tra i vantaggi, gli alimenti con organismi geneticamente modificati in agricoltura, occorre segnalare:

- miglioramento dell'efficienza e produttività del raccolto, grazie al suo migliore adattamento all'ambiente.

- riduzione di requisiti di input.

- resistenza ai parassiti.

- fornitura di materie prime di qualità costante ed uniforme, molto adatta alla produzione industriale di alimenti.

Inoltre, la trans genesi apre nuovi percorsi allo sviluppo di alimenti con alta qualità organolettica e nutritiva.

Tuttavia, i detrattori degli alimenti transgenici evidenziano gli effetti negativi sia dell'inquinamento sia della perdita di diversità genetica causata da queste colture, oltre alla dipendenza strategica del settore agricolo da un piccolo numero di aziende che producono piante e semi transgenici. Tuttavia, non ci sono prove o studi scientifici sui possibili effetti negativi sulla salute delle persone e proprio per questa polemica, vengono effettuati scrupolosi controlli sui prodotti transgenici, controlli che non vengono effettuati per altri tipi di prodotti.

La sfida dell'agricoltura e dell'allevamento contemporanei è aumentare la quantità e la qualità del cibo prodotto, con un minore impatto ambientale. Per questo, produzione integrata e organica, devono continuare ad evolversi. D'altra parte, la coltivazione di alimenti transgenici continua a sollevare molte polemiche, quindi la società dovrà decidere se supportare il suo uso.

La selezione delle materie prime è un aspetto critico nella produzione alimentare sicuro e di qualità. Le aziende devono stabilire le condizioni necessarie che devono avere le materie prime prima dell'acquisto, per garantire la sicurezza alimentare e ottenere prodotti finali di alta qualità.

La corretta specificazione delle condizioni che devono essere soddisfatte dalle materie prime deve contemplare tutti quegli aspetti che condizionano le caratteristiche del prodotto finale. La qualità delle materie prime può essere suddivisa in base a componenti intrinseche e estrinseche, obiettivi (parametri) e soggettivi (attributi), essendo principalmente fattori che vengono valutati con i sensi. Generalmente, la qualità delle materie prime dipende da un insieme di proprietà organolettiche, microbiologiche e nutritive.

Per frutta e verdura, le proprietà organolettiche che influenzano la qualità della stessa, sono:

- Assenza di difetti, come lesioni, punti, graffi, marcisce o qualsiasi altra modifica della condizione normale del prodotto.

- La dimensione, che dipende dal prodotto, dal mercato a cui è indirizzata e dall'uso che ne sarà fatto del prodotto.

- Forma: ogni frutto o verdura ha una forma caratteristica e deviazioni dallo standard causa un ribasso nella valutazione.

- Colore e luminosità: il colore è una conseguenza della presenza di diversi pigmenti. È un buon indicatore dello stato di maturità e / o freschezza del prodotto e, in alcuni casi, il consumatore associa un colore con una qualità.

- Durezza o turgore: è la sensazione che il prodotto provoca quando viene toccato e associato al suo addolcimento. La fermezza è il risultato della struttura della parete cellulare e della pressione interna delle cellule. È uno dei fattori che viene compromesso principalmente dal trattamento post-raccolto, in particolare per la temperatura di conservazione.

Nel caso delle carni, i parametri organolettici di cui tenere conto determinare la qualità del canale sono:

- Colore, che dipende dalla quantità e dallo stato chimico dei pigmenti nella carne (emoglobina e mioglobina) e proteine.

- Odore: questa caratteristica è data dalla maggiore o minore esistenza di composti volatili presente nel grasso, o tessuto muscolare (carne).

- Tenerezza: la morbidezza della carne è data dalla dimensione e dallo sviluppo del tessuto connettivo, per la sua percentuale maggiore o minore nel tessuto muscolare. La capacità di ritenzione idrica della carne è legata alla succosità della stessa.

La qualità igienica delle materie prime si riferisce alla sicurezza, alla garanzia che un alimento non causerà danni al consumatore se preparato e / o consumato secondo la sua destinazione d'uso. Include considerazioni microbiologiche, in particolare l'assenza di microrganismi patogeni e chimici, con enfasi sui residui di pesticidi, assenza di minerali (per esempio nitrati), metalli pesanti, medicinali e ormoni, tra gli altri.

Per qualificare la qualità nutrizionale di frutta e verdura, è necessario tenere conto del contenuto in vitamine, fibre, minerali e antiossidanti, mentre la qualità nutrizionale della carne è dato dal contenuto di acqua, proteine ad alto valore biologico e i grassi.

Vengono considerati anche i parametri non visibili. Questo gruppo sta guadagnando terreno nella qualificazione di verdure, ma per ora, è il fattore meno considerato dagli acquirenti.

La qualità sensoriale, igienico-sanitaria e nutrizionale di frutta e verdura dipende da diversi fattori che vengono influenzati durante la fase di coltivazione, come ad esempio:

- Fattori agronomici: un nutrimento vegetale adeguato ed equilibrato è essenziale per lo sviluppo della pianta e conseguentemente della qualità del frutto. Sia il contenuto di un nutriente come l 'equilibrio tra due o più nutrienti, può influenzare la crescita e lo stato fisiologico del frutto, essendo in grado di originare alterazioni tanto per carenza quanto per una dose eccessiva. Altri fattori agronomici come caratteristiche del suolo, consistenza, drenaggio e disponibilità di nutrimenti influenzano principalmente le dimensioni e l'aspetto esterno del frutto. Quando l'irrigazione viene effettuata prossima alla data di raccolta, si osserva un

aumento delle dimensioni e la diluizione dei componenti cellulare, con conseguente perdita di qualità sensoriale, frutta incrinata e screpolata.

Fattori ambientali: è stato dimostrato che hanno una grande influenza sulla qualità e valore nutrizionale di numerosi prodotti agricoli, sia per l'intensità e la qualità della <u>luce</u> che ricevono, come per esempio le temperature a cui sono esposti, o il contenuto di CO_2 nell'ambiente.
 Uno dei fattori climatici che più influenzano la qualità del frutto sono le alte temperature nel periodo pre-raccolto, essendo in grado di originare una vasta gamma di alterazioni.

- Fattori genetici: è importante considerare che inizialmente il genoma sta andando a determinare quantitativamente e qualitativamente non solo i parametri responsabili della qualità organolettico e nutrizionale, ma anche altri che si ripercuotono sulla capacità del frutto di evolvere dopo la raccolta e la sua capacità di conservazione.

-Fattori fisiologici: lo stato di maturità nella raccolta ha un ruolo essenziale nella composizione chimica del frutto e quindi negli attributi di qualità. È precisamente durante la maturazione quando si verificano una serie di eventi biochimici e strutturali i quali apportano importanti cambiamenti nei costituenti, che producono al frutto la possibilità di raggiungere caratteristiche sensoriali ottimali per il consumo.
Ma, sfortunatamente, una volta che questo momento è stato raggiunto inizia, in generale, la senescenza e il degrado del tessuti e la qualità sensoriale e nutrizionale.

Le caratteristiche di qualità dei prodotti a base di carne sono influenzate da fattori come razza, sesso, età, alimentazione e trattamento pre-mortem degli animali.

- Razza: sono stati descritti effetti significativi di razze diverse in caratteristiche come grasso intramuscolare, capacità di ritenzione idrica, colore e tenerezza.

-Sesso: in generale, la carne delle femmine risulta essere più tenera e succosa di quella del maschi a causa del loro maggior contenuto di grasso infiltrato.

-Età: l'età del sacrificio influenza il colore della carne in quanto il contenuto di pigmento responsabile del colore della carne (mioglobina) aumenta con l'età. La durezza della carne aumenta con l'età del sacrificio dovuta principalmente alla ristrutturazione che avviene nel tessuto connettivo della carne. La maggiore intensità del sapore della carne degli animali sacrificati in età avanzata è una conseguenza principalmente del più alto contenuto di grassi infiltrato, dal momento che è nel grasso che risiede la maggior parte dei composti responsabili del sapore della carne.

- Alimentazione: il colore della carne degli animali in allattamento dipende dal contenuto di ferro del latte materno. Dato il basso contenuto di ferro nel latte, la concentrazione della mioglobina nei muscoli dei lattanti è bassa e la carne ha una colorazione chiara. L'aumento

del piano di alimentazione e l'energia della razione migliora la tenerezza della carne come conseguenza dell'aumento del contenuto di grasso infiltrato presente nel muscolo.

-Una cattiva gestione degli animali prima della morte e durante il trasporto e prima della macellazione porterà a cambiamenti nella qualità delle carni in quanto vi è una contrazione del tessuto muscoloso, che determina una diminuzione del peso della carcassa; poco sanguinamento, che causa l'accumulo di sangue a livello del tessuto muscolare; e il passaggio di batteri alteranti e agenti patogeni (come la Salmonella), dal tratto intestinale ai sistemi sanguigni e linfatico, fino a raggiungere il tessuto muscolare. Di conseguenza, si ottengono carni bianche ed essudative a causa della scarsa capacità di trattenere l'acqua.

Come abbiamo visto in questo argomento, ci sono diversi fattori che condizionano le proprietà organolettico, nutriente e igienico-sanitario delle materie prime. Sono tutti di grande importanza e devono essere presi, responsabilmente, in considerazione per ottenere materie prime di alta qualità.

Quali tipi di fertilizzanti vengono utilizzati nell'agricoltura biologica?

Il letame è il concime organico per eccellenza a causa del suo alto contenuto in azoto e materia organica. E' composto da escrementi e urina di animali di allevamento e nella sua composizione possono anche apparire resti di materiali diversi, provenienti dal loro letto, come paglia di cereali, ecc. Può essere usato in tutti i tipi di terreno e colture, dopo un processo di compostaggio. Nell'agricoltura ecologica, NON sono ammessi i concimi provenienti da allevamenti intensivi.

La composizione di ogni letame varia a seconda della specie dell'animale, la sua alimentazione, il letto, il grado di decomposizione, la manipolazione dello stesso, ecc.

Il letame proviene solitamente da allevamenti di pecore, capre, bovini, maiali, cavalli, muli, ecc. Lo sterco di pollame come galline (letame di pollo) e piccioni (palo mina) è tra i più ricchi di azoto.

Quali sono i principali paesi con la più grande area di colture ecologica ?

I principali paesi con la più vasta area di agricoltura biologica sono:
Spagna 1,71 milioni di ettari;

Italia 1,38 milioni di ettari;

Francia 1,12 milioni di ettari;

Germania 1,03 milioni di ettari

Polonia 0,66 milioni di ettari

Quali sono i paesi con la più vasta area di colture transgeniche ?

Secondo il rapporto 2014 del Servizio internazionale per l'acquisizione di Applicazioni agro-biotecnologiche, guida la classificazione degli Stati Uniti con area di 73'1 milioni di ettari, 3 milioni in più rispetto all'anno 2013. Questo paese coltiva tutti i tipi di prodotti transgenici, mais, soia, colza, zucchero, papaia, ecc., monopolizzando il 40% della produzione mondiale.

Brasile, al secondo posto, con un'area di 42'2 milioni di ettari, quasi due milioni in più rispetto al 2013, evidenziando in particolare l'aumento della produzione di un nuovo varietà di soia transgenica.

Argentina, al terzo posto, in questo caso la sua produzione si è leggermente ridotta passando da 24'4 a 24'3 milioni ettari per coltivare sostanzialmente gli stessi prodotti del Brasile.

India, al quarto posto, con 11,6 milioni di ettari, 600.000 in più rispetto all'anno passato, l'area era destinata alla produzione di cotone Bt.

Canada, al quinto posto, che eguaglia la superficie dell'India con 11,6 milioni di ettari, che rappresenta un aumento di 800.000 ettari rispetto alla relazione dell'anno 2013.

Come vengono etichettati gli alimenti transgenici OGM ?

Esiste una legge europea che richiede l'etichettatura dei prodotti derivati dalle colture transgenico, indipendentemente dalla presenza di DNA o proteine "transgenico" nel prodotto finale (Regolamento 1829/03 su alimenti e mangimi transgenico, e il Regolamento 1830/03, che regola il tracciamento o la tracciabilità di questi prodotti).

Quindi, qualsiasi alimento contenente OGM o derivati in quantità maggiore dello 0,9% di materia prima in un dato ingrediente, deve portare un'etichetta con informazioni che dichiarano "Questo prodotto contiene organismi modificati geneticamente. "

Secondo questo regolamento, gli alimenti che devono portare questa etichetta sono prodotti con ingredienti e additivi transgenici come farine, destrosio, amidi o glucosio; prodotti sfusi come frutta e verdura; e l'alimentazione di cereali transgenici. Nel frattempo, non vengono etichettati, sono quelli di seconda e terza generazione come il latte e la carne alimentati con mangimi transgenici.

Negli Stati Uniti, non è obbligatorio etichettare gli alimenti transgenici perché sono considerati alla stregua degli altri alimenti.

Quali tipi di pigmenti troviamo nelle carni ?

La colorazione della carne fresca dipende principalmente dalla mioglobina. La mioglobina è una proteina che nella struttura e nella funzione è molto simile alla emoglobina. La struttura chimica della mioglobina è costituita dalla proteina globulare (globina), un gruppo

protesico (hemo) e un anello porfirico con un ione ferroso nel centro. Le proprietà e il colore di questo complesso dipendono dallo stato
di ioni ferrosi e stato fisico della proteina. Quando si combinano mioglobina e ossigeno, cioè quando è ossigenata, si produce Oximioglobina, responsabile del colore rosso vivo della carne.
Quando la mioglobina è ossidata, o l'ossigeno ossida lo ione ferroso, diventa meta mioglobina e la carne assume un caratteristico colore marrone scuro, caratteristica della carne conservata per lungo tempo.

Che cos'è e come può essere valutata la qualità di un alimento ?
Ci sono molte definizioni di qualità ma possiamo dire che in generale, considera qualità per:
- soddisfazione di aspettative, pretese o specifiche o
- soddisfazione del cliente nelle sue esigenze attuali e future.
I metodi usati per valutare la qualità sono, da un lato, le scale oggettive basato su strumenti di misurazione e metodi soggettivi basati sullo studio umano (analisi sensoriale). La valutazione sensoriale è l'analisi del cibo o altri materiali attraverso i sensi.

PERCHÉ PROCESSARE GLI ALIMENTI ?

Tre sono i grandi scopi della trasformazione delle materie prime in alimenti:

- la loro conservazione per garantire il tempo di commercializzazione e la salute per il consumatore.

- la loro modifica per raggiungere le proprietà nutrizionali e organolettiche desiderate.

- la loro formattazione deve essere presentata in quantità e forme convenienti e appetitose per il consumatore.

Possiamo considerare che la missione dell'industria alimentare è quella di fornire ai consumatori una quantità sufficiente di alimenti sicuri e appetibili. Per questo, si avvale di una vasta gamma di materie prime fornite dal settore primario, dall'agricoltura, dagli allevamenti e dalla pesca.

Le tecnologie che vengono applicate, cioè i metodi operativi che richiedono conoscenza dei materiali e delle loro trasformazioni, nonché investimenti in attrezzature e locali, mano d'opera, energia e controllo delle proprietà fisiche e chimiche delle stesse materie prime.

E perché trasformiamo la materia prima ?

Possiamo classificare gli obiettivi del processo in tre grandi gruppi:

- salute.

- cambiamenti organolettici.

- formato per il consumo.

Rendere il cibo sicuro per il consumatore è indubbiamente l'obiettivo principale della industria. Per fare ciò, è necessario sapere quali sono i possibili agenti alteranti, che possono essere di natura biologica, fisica o chimica, così come organismi patogeni ed evitare la loro azione sul cibo.

Ma in molti casi non si tratta solo di garantire la salute: si cerca anche, trasformare le proprietà delle materie prime per dare loro sapori, aromi, consistenze o colori diversi, appetibili, che danno loro personalità propria e differenziata al prodotto. Questa è, molte volte, lo scopo della <u>cottura</u>, la miscela di precise formulazioni di ingredienti, i rivestimenti o le fermentazioni.

Infine, operazioni quali affettare, formattazione, stampaggio e confezionamento garantiscono che l'aspetto e la dimensione del cibo si adattano a ciò che il consumatore si aspetta, allo stesso tempo pubblicizzare le loro caratteristiche e consentire loro di rispettare i requisiti legali di informazioni sul prodotto.

Facciamo un semplice esempio: un sacchetto di patatine.
La materia prima saranno patate crude. Nelle operazioni di preparazione, si scarteranno quelle marce o battute, che potrebbero fornire aromi, sapori o consistenze strane. Il lavare e sbucciare le patate farà sì che i resti della terra vengano rimossi, un mezzo che può contribuire a contaminazioni di vario tipo, compresi microrganismi sporulati o anche fecali.

La successiva <u>cottura</u> o frittura garantirà la distruzione di quelle contaminazioni rimaste nel prodotto, e distruggerà anche gli alcaloidi di una certa tossicità, come la solanina, presente nelle patate crude.
La disidratazione servirà al punto da ostacolare la loro alterazione da parte dei microrganismi.

Abbiamo già assicurato, quindi, la salubrità del prodotto e la sua resistenza ad un eventuale alterazione microbica.

La frittura delle fette di patate in olio a temperature vicine a 180° C garantirà che l'acqua si perda e gli amidi cambiano la loro struttura chimica per fare un prodotto croccante. La caramellizzazione degli zuccheri e la reazione di Maillard forniranno il colore tostato e aroma caratteristico, che sarà completato dall'incorporazione di olio. Il gusto finale sarà raggiunto con l'aggiunta di sale e/o spezie.

Quindi, abbiamo trasformato una materia prima con caratteristiche poco appetibili in un prodotto con gusto apprezzato da molti consumatori.

Infine, queste patate, la cui forma ondulata o piatta, avremo configurato durante l'affettamento, saranno imballate in sacchetti di plastica. Questi, opachi e impermeabili all'ossigeno e al vapore di acqua, e gonfio di un gas protettivo e inerte, come l'azoto, proteggerà il prodotto contro le alterazioni chimiche, come la rancidità dei grassi, e quelle fisiche, come ad esempio addolcimento per reidratazione o rottura da colpi o compressioni durante la commercializzazione. Inoltre, tutte le informazioni tecniche richieste dalla legislazione e informazioni commerciali che il produttore vuole contribuire a far conoscere, saranno stampate sul sacchetto stesso. E, logicamente, conterranno una quantità di prodotto sufficiente al numero di razioni che si desidera incorporare.

In questo modo, al consumatore arriverà un prodotto in un formato conveniente e gradevole, che lo invoglierà a comprarlo.

Lo studio e la rappresentazione dei processi.

Lo studio della produzione di un alimento, si divide in unità che
noi chiamiamo operazioni. Ogni operazione sarà definita da ciò che chiamiamo i parametri dell'operazione, che ci danno i valori di diverse proprietà adatte a quel passo di trasformazione. Pertanto, a seconda dell'operazione in questione, il controllo preciso del tempo, la temperatura dell'<u>aria</u> o dell'olio, la velocità delle braccia di un mixer, la pressione del liquido in un ugello di nebulizzazione, il pH del mezzo in cui si svilupperà la fermentazione, il livello di ossigeno o umidità nell'ambiente, ecc.

La sequenza delle operazioni, con le sue ramificazioni, cicli, croci e interazioni di diverso tipo, è chiamato il processo di produzione alimentare.

Per una buona comprensione di un processo è conveniente fare una rappresentazione grafica che includa tutte le informazioni necessarie. La grafica più utilizzata sono i diagrammi di flusso, dove si rappresentano in forma schematica le operazioni, le loro interrelazioni, le attrezzature, i flussi di materiali ed energia.

La seguente figura mostra il diagramma di flusso per la preparazione delle materie prime nella produzione di alcuni prodotti della gamma IV e V.

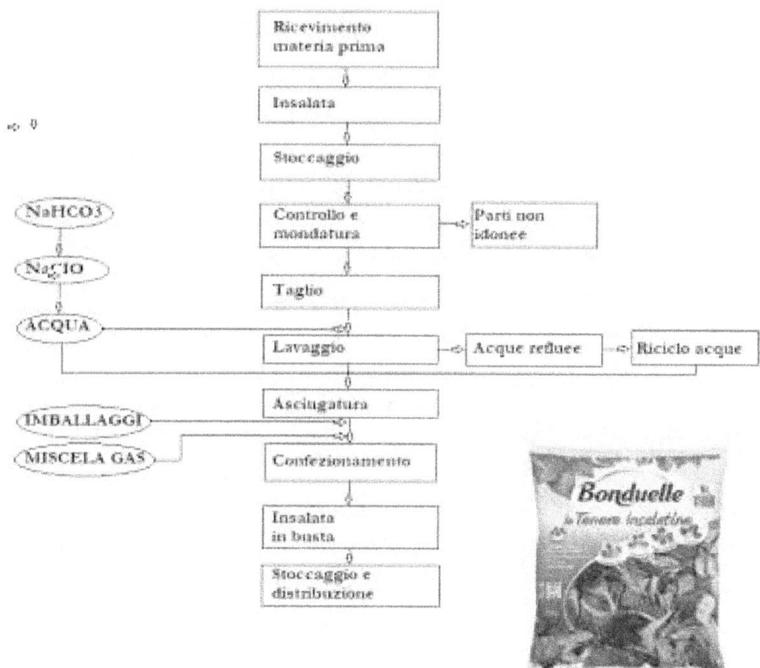

Visto che parliamo di gamma dei prodotti, vediamo un elenco dove sono evidenziati i prodotti e le relative gamma di appartenenza.

Prima **gamma**: ortofrutta fresca tradizionale.

Seconda **gamma**: ortofrutta e verdure in conserva proposte in barattolo.

Terza **gamma**: frutta e verdure surgelate.

Quarta **gamma**: ortofrutta fresca, lavata, confezionata e pronta al consumo.

Quinta **gamma**: frutta e verdure cotte e ricettate, confezionate e pronte al consumo.

Vediamo ora che notizie circolano relazionate a prodotti di gamma.

***

A livello europeo risulta che su 811 campioni di insalate di IV gamma il 4,2 % era contaminato da Listeria (dal report sulle zoonosi 2010).

Le insalate di IV gamma rientrano nella definizione di "prodotti potenzialmente pericolosi" in quanto hanno un valore di aw superiore a 0,85 e un pH compreso tra 4,6 e 6,5 condizioni che consentono lo sviluppo di microrganismi patogeni e come già visto anche di Listeria. Sono prodotti ottenuti tramite l'uso di mild technologies ossia in modo da minimizzare i danni che solitamente si hanno durante le varie operazioni unitarie di un processo produttivo, così da cercare di mantenere le caratteristiche dell'alimento il più vicino possibile a quelle del prodotto non lavorato; per questo motivo non essendoci particolari trattamenti che possano abbattere la carica microbica non solo per l'uso di mild Technologies ma proprio per il tipo di prodotto finito che desideriamo ottenere, il miglior modo di gestire il processo per prevenire i rischi da Listeria o altri da patogeni, è mediante l'applicazione delle buone pratiche di lavorazione e le buone pratiche agricole e il rispetto dei principi dell' HACCP, cercando di mantenere basso il livello di contaminazione della materia prima e tenendo sotto controllo le fasi del processo in cui può verificarsi una nuova contaminazione o proliferazione di microrganismi eventualmente presenti.

***

Poiché in molte occasioni ci sono diversi modi per raggiungere gli stessi obiettivi, per un buon design di una linea di produzione devi considerare le alternative tecnologiche o di elaborazione.

Infine, ogni operazione o gruppo di operazioni sarà sviluppato utilizzando una attrezzatura, che ci porta alla sequenza di attrezzature o ingegneria di processo. Questo, in aggiunta alle macchine che trasformano fisicamente la materia prima, comprende anche le esigenze di manodopera, forniture di materiali ed energia, per le quali devono essere definite le attrezzature ausiliarie come il sistema di refrigerazione o il sistema di vapore.

La corretta quantificazione del flusso di entrata e uscita dei materiali ed energia in ciascuna operazione o l'attrezzatura viene effettuata attraverso i bilanciamenti di materia ed energia, che sono incorporati nei diagrammi e servono a quantificare e dimensionare le attrezzature che effettueranno ciascuna trasformazione o le strutture con cui saranno gestiti i sottoprodotti e i residui.

Come esempio di quantificazione, svilupperemo un semplice esempio di equilibrio di materiali.

Abbiamo scelto un'operazione comune: asciugatura.

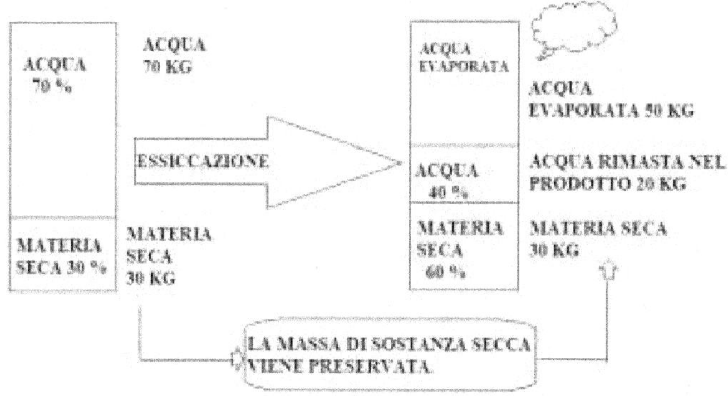

Prendiamo, in primo luogo, una quantità arbitraria di materia prima, che costituirà la nostra base di calcolo. Nel nostro esempio, 100 kg di salsiccia fresca, con un contenuto di acqua, o umidità, 70%. Essendo un processo di essiccazione, terremo in considerazione solo due fattori:

- acqua.

- sostanza secca.

Se contiene il 70% di umidità, in 100 kg avremo 70 kg d'acqua. Il resto, 30 kg, sarà materia secca.

Se il nostro obiettivo è raggiungere il 40% di umidità nel nostro prodotto, la salsiccia cruda stagionata, dobbiamo cercare quale equazione ci collega alla situazione iniziale descritta sopra, con il completamento dell'asciugatura. Poiché solo l'acqua evapora, l'equazione di legame può essere quella la sostanza secca si mantiene per tutta l'asciugatura.

Poiché la frazione secca alla fine dell'essiccazione è del 60%, la massa totale della salsiccia sarà di 50 kg. Cioè, passando dal 70% al 40% di umidità abbiamo perso metà della massa del prodotto. Questa riduzione del prodotto ottenuto rispetto alla materia prima impiegata, ha un impatto sulla quantità che gestiamo, e anche nel prezzo di vendita: come minimo, nell'esempio sviluppato, dobbiamo vendere il kg di prodotto almeno il doppio del prezzo della materia prima, solo per coprire i costi di questa.

Una seconda parte dei calcoli si riferisce alle capacità delle attrezzature e consumo energetico. Quindi, quei 50 kg di acqua persi per 100 kg, in un essiccatore con capacità di 1500 kg, comporta l'evaporazione di 750 kg di acqua. Supponendo che l'asciugatura duri 15 giorni, o 360 ore, significa una perdita media di circa 2 kg di acqua all'ora, approssimativamente. Quanta <u>aria</u> devi spingere dentro l'essiccatore per ottenerlo ?

Conoscendo le proprietà dell'<u>aria</u> umida e tenendo conto che questa asciugatura deve essere fatta in condizioni miti, come circa 17 ° C e 70% di umidità relativa, sappiamo che ogni m3 di <u>aria</u> può trascinare, quando diventa saturo, circa 2 g di acqua. Con questo, è facile calcolare alcune esigenze di aria di 1000 m3 / h nell'essiccatore, dati che ci permetteranno di dimensionare l'attrezzatura di aria condizionata.

Come è progettata un'installazione per la produzione di alimenti ?

Esiste una sequenza logica per la determinazione dei mezzi materiali per produzione di un cibo. Prima di tutto, dobbiamo sapere con tutti i dettagli possibili le caratteristiche del cibo o del prodotto, che è normalmente il punto di partenza. Per il nostro prodotto, avrai bisogno di alcune materie prime e ingredienti determinati. E la trasformazione di questi in prodotto sarà fatta attraverso un processo formato da operazioni successive, cioè mediante una determinata tecnologia di fabbricazione.

Solo quando la tecnologia sarà più o meno consolidata si deve iniziare a cercare quale attrezzatura può realizzarlo, cioè l'ingegneria del processo. Non è ragionevole che, fin dall'inizio, sia l'attrezzatura disponibile che debba condizionare il modo di lavorare.

L'ingegneria del processo include diversi concetti:

- Le apparecchiature di processo, che sono quelle che direttamente agiscono sulle materie prime per trasformarle. Entrano in questa sezione le apparecchiature pulitrici, tritatrici, serbatoi di miscelazione, attrezzature per il trattamento termico, per il raffreddamento e di congelamento, reattori dove vengono effettuate le fermentazioni, macchine per l'imballaggio, estrusori., ecc.

- Le apparecchiature ausiliarie sono quelle che forniscono i mezzi per fare in modo che le apparecchiature di produzione funzionino correttamente, ma non partecipano direttamente alla trasformazione del prodotto. Normalmente sono classificate come apparecchiature di gestione materiali (magazzini, serbatoi di stoccaggio, pompe, tubi, trasportatori di solidi, ecc.), apparecchiature per la gestione dell'energia (sistema frigorifico, sistema di generazione e distribuzione di vapore, rete elettrica, ecc.), apparecchiature di controllo (sensori, valvole, automatismi ...) e altri (sicurezza antincendio o antifurto, impianto di depurazione delle acque residuali, ecc.).

- Le opere civili o gli edifici che conterranno tutta l'attività, cioè le linee di lavorazione, le attrezzature ausiliarie, i servizi amministrativi e per il personale industriale, ecc.

- L'organizzazione interna di tutti questi elementi, assieme allo staff, i mezzi economici e la loro valutazione come investimento produttivo, sono parte necessaria nella definizione dell'industria alimentare, poiché si tratta di un'attività economica che deve fornire un ritorno agli investitori.

Cosa dovremmo sapere sul prodotto e sulle materie prime?

Le informazioni che dovremo raccogliere sul prodotto sono solitamente classificate in tre categorie:

- Aspetti economici: quanto possiamo produrre in base alle nostre aspettative di vendita, e a quali prezzi saremo in grado di vendere i prodotti.

- Aspetti legali: nome del prodotto (importante in molti prodotti, come il pesce, la corretta identificazione delle specie), i valori del contenuto di determinati ingredienti o additivi, ecc.

- Aspetti tecnici: si tratta di definire i parametri che caratterizzeranno il nostro prodotto, dal momento che in generale si intende che le caratteristiche di tutti i lotti siano omogenei e che si mantengano per una durata di tempo prestabilita. Se cambiamo solo una di loro, probabilmente i nostri consumatori non riconosceranno il prodotto e avranno quindi l'occasione di lamentarsi. Inoltre, questa caratterizzazione fa parte del processo di innovazione e sarà la base del controllo di qualità. Parametri del cibo come durezza, colore, pH, dimensioni, peso, contenitore e di cosa è composto il materiale, il formato, la dimensione, il design e il contenuto delle etichette, ecc dovranno essere definiti con precisione prima di iniziare la produzione di massa del nostro prodotto.

Per la selezione delle materie prime, vengono utilizzati gli stessi tipi di criterio.

Alcune di loro sono deperibili e la trasformazione deve essere eseguita nelle vicinanze delle aziende di produzione (ortaggi), mentre altre (cereali) possono essere trasportate su lunghe distanze senza perdita di qualità. Per il prodotto finito si applicano condizioni di trasporto analoghe. Questo, naturalmente, condizionerà la dimensione della industria.

La varietà, che implica determinate proprietà in termini di durezza, forma, colore, ecc., può essere decisiva nella nostra scelta. Per il succo, non si impiegano gli stessi tipi di varietà di pomodoro per uso fresco o inscatolato di pomodori interi pelati.

Gli ingredienti e gli additivi sono soggetti a severe disposizioni legali, mentre che le principali materie prime saranno condizionate legalmente nel caso di nomi geografici protetti o in produzioni speciali come integrato, organico, ecologico.

Cos'è un'alternativa tecnologica o ingegneristica?

Spesso si può fare la stessa trasformazione o gruppo di trasformazioni in molti modi diversi. Ogni sequenza operativa che possiamo usare costituisce un'alternativa tecnologica, e la decisione di utilizzare l'una o l'altra dovrebbe essere presa tenendo conto dell'impatto tecnico ed economico di ciascuna.

Quindi, ad esempio, sostituire un'operazione manuale con la sua alternativa automatica spesso comporta costi di investimento significativi, ma in cambio riduce i costi operativi relativi alla riduzione del personale, o offre la possibilità di aumentare il produzione con gli stessi operatori.

Lo stesso vale per le attrezzature, che possono consentire diverse alternative di ingegneria per la stessa operazione. Per sterilizzare i vasi di ceci si può optare per autoclavi discontinui orizzontali o verticali, o autoclavi continue.

L'operazione tecnologica (in questo esempio, l'evoluzione della temperatura nell'arco di tempo) può essere esattamente la stessa per apparecchiature distinte. La scelta di una o l'altra spesso dipende dalla capacità produttiva ricercata. Quindi, per piccole produzioni possono essere idonea una produzione in lotti discontinui, mentre per le grandi produzioni è generalmente consigliabile utilizzare sistemi continui.

TRASFORMARE LE MATERIE PRIME: TAGLIARE, SEPARARE, MISCELARE UNIRE.

C'è una moltitudine di operazioni per la trasformazione di materie prime alimentari. Alcune sono destinate alla preparazione di quelle, il cui fine è quello di effettuare correttamente le operazioni centrali del processo.

Agricoltura e allevamento (oltre alla pesca e, in misura minore, alla caccia, raccolta e estrazione) ci forniscono un'enorme varietà di materie prime per produzione alimentare. Tuttavia, non le troveremo sempre in misura, forme e qualità omogenee. Se vogliamo ottenere diversi lotti di prodotti con le stesse caratteristiche, dobbiamo garantire che le materie prime che utilizzeremo per la produzione, non differiscano molto una rispetto all'altra.

Da un lato, sarà necessario rimuovere le porzioni di materia prima che sono materie estranee, contaminanti o unità difettose, come frutti marci o alterati.

E, d'altra parte, ci sono molte operazioni nelle quali si produce uno scambio tra il cibo e l'ambiente che lo circonda: riscaldamento, raffreddamento, essiccazione, estrazione di componenti attraverso liquidi.

In tutte queste operazioni, il tempo necessario e il risultato dipendono criticamente dalla dimensione e la forma delle porzioni di cibo, e in particolare modo la relazione tra la superficie esterna e il volume di ciascuna porzione. Questo perché lo scambio ha effetto su tutta la massa o volume, però si realizza attraverso la superficie.

Quindi, per esempio, se intendiamo friggere insieme due fette di patate, A e B, dove il raggio di A è due volte B, la superficie di scambio con il mezzo caldo è 2 al quadrato = 4 volte maggiore in A che in B, mentre il suo volume (materia da riscaldare) è 2 al cubo = 8 volte maggiore.

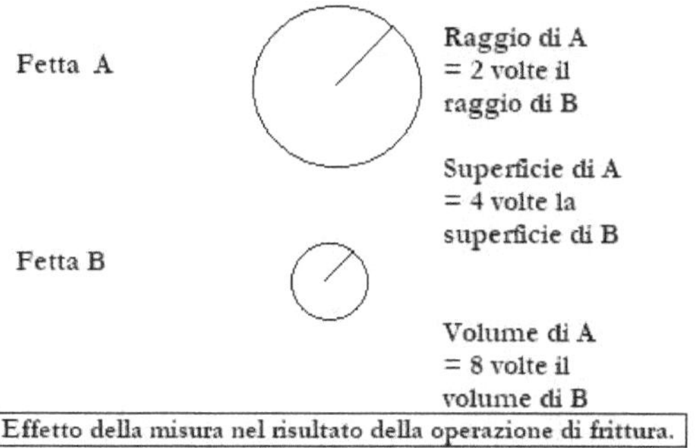

Effetto della misura nel risultato della operazione di frittura.

Se applichiamo tempi di frittura identici a entrambi, A sarà grezzo o B sarà cotto in eccesso. Per questo motivo è conveniente omogeneizzare le forme e le dimensioni delle unità che stiamo per mandare in produzione, onde mantenere il più costante possibile il risultato del prodotto che si otterrà.

L'operazione di pulizia consiste nel separare i contaminanti che accompagnano la materia prima. Questi possono essere terra, pietre, pezzi di metallo staccati dalle macchine, prodotti chimici, microrganismi, insetti e altri piccoli animali, semi diversi da quelli che elaboreremo e molti altri.

Per pulire, viene utilizzata una proprietà che separi le unità di materie prime dagli inquinanti. Può essere la dimensione, con l'uso di setacci; la forma, in attrezzature specifiche; la densità o galleggiamento in acqua; la solubilità in acqua, ecc.

In generale, la pulizia può essere fatta a secco o bagnato. Per motivi ecologici e, a volte, per i maggiori costi operativi, verrà eseguita una pulizia a secco, quando possibile.

Una volta che i contaminanti sono stati separati, potrebbe essere necessario separare queste parti di materie prime non conformi alla nostra produzione: frutta troppo grande o troppo piccolo, irregolare, troppo verde o troppo maturo, ecc. Questa separazione è chiamata selezione.

E tra la materia prima che verrà utilizzata, è spesso conveniente separare i lotti omogenea rispetto ad alcune caratteristiche, come peso, dimensioni, colore o qualche indicatore di maturità come l'acidità o gli zuccheri. La separazione di questi lotti costituisce la classificazione.

Spesso la selezione e la classificazione vengono eseguite contemporaneamente, sia in forma manuale o con apparecchiature automatizzate.

Per ottenere unità di dimensioni simili, a volte è conveniente ridurre le dimensioni con tecniche di taglio o cesoiamento, di compressione o di impatto. Per materie fibrose, come la carne quando si taglia a pezzi, o frutta fresca e verdura quando si affettano, vengono usate apparecchiature da taglio.

Per le materie dure e vetrose, come i cereali , si utilizzano le combinazioni dei tre tipi di sforzo, con una predominanza di compressione e impatto. Le attrezzature utilizzate sono i mulini.

Le frazioni ottenute vengono separate per il rimacinato o per la loro classificazione in semola o farine, ad esempio, attraverso schermi o setacci.

Quando è necessario separare diverse frazioni di un cibo, a seconda di cosa le proprietà fisiche distinguono le frazioni da separare, avremo una gamma di possibilità.

Pertanto, le diverse dimensioni delle particelle possono essere separate mediante setacciatura, filtrazione, micro o ultrafiltrazione o osmosi inversa. I liquidi possono essere separati dai solidi filtrando o pressando. Liquidi immiscibili di diversa densità o particelle sospese in un liquido possono essere separati per decantazione o centrifugazione.

Infine, il processo potrebbe richiedere la formulazione e la miscelazione di ingredienti per effettuare un ulteriore processo. La miscela di solidi presenta problemi specifici per garantire la massima omogeneità.

Nel caso di liquidi o paste, sarà necessario prendere in considerazione le loro diverse consistenze o viscosità per scegliere il metodo e l'attrezzatura da utilizzare.. Per liquidi a bassa viscosità saranno adatti miscelatori ad elica o pale ad alta velocità in serbatoi, però le paste dense e liquidi ad alta viscosità dovranno essere miscelati con movimenti lenti per evitare una eccessiva potenza dei motori, e il rischio di surriscaldamento.

Pulire, triturare, selezionare, classificare, separare, mescolare: sono alcune delle operazioni che preparano la materia prima per una lavorazione industriale efficiente ed omogenea.

Tra le molte operazioni di trasformazione del cibo, alcune mirano a cambiare profondamente caratteristiche del cibo stesso. Per questo, si basano sull'interscambio di materia prima o energia tra il cibo e l'attrezzatura o alcuni fluidi ausiliari.

Il trasferimento di materia ed energia dal cibo ad un ambiente esterno ad esso, o viceversa, sono concetti fondamentali nell'industria alimentare.

Come regola generale, questi scambi possono essere regolati attraverso il controllo di tre parametri.

Il primo è la superficie di scambio in relazione alle dimensioni. La quantità di materia o energia da scambiare è proporzionale alla massa, cioè alla dimensione totale, mentre la quantità scambiata per unità di tempo è proporzionale a questa superficie. Pertanto, se frazioniamo il materiale in particelle di dimensioni più piccole o lo tagliamo in geometrie piatte o filamentose, i tempi di operazione si ridurranno.

Il secondo è la differenza di valori, tra il cibo e l'ambiente che lo circonda, proprietà che guida lo scambio. Se si trasferisce <u>calore</u>, la proprietà di cui il gradiente consente lo scambio è la temperatura. Nell'essiccazione, sarà la pressione parziale del vapore acqueo.

E nell'estrazione di componenti solubili in acqua o in un solvente organico, sarà la concentrazione di detti componenti.

Infine, dobbiamo tener conto della capacità del cibo e dell'ambiente che lo circonda per trasmettere o diffondere l'oggetto scambiato. Per il riscaldamento o il raffreddamento, sarà necessario conoscere la conduttività termica nei solidi o i coefficienti di convezione in fluidi. Per il trasferimento dell'acqua dal cibo all'aria o da alcuni composti alimentari solidi a un solvente, sarà necessario conoscere la sua diffusività su questi mezzi.

Il raffreddamento del cibo può essere fatto con l'obiettivo di estendere la sua vita utile senza cambiamento di stato dell'acqua, e si chiama refrigerazione. Quando viene portata la temperatura sotto il punto di solidificazione dell'acqua presente nel cibo, viene chiamata l'operazione congelamento.

Per raffreddare il cibo viene messo a contatto con un fluido freddo, come aria o acqua, o con una superficie solida a bassa temperatura. Il trasferimento di <u>calore</u> verso l'acqua o la parete metallica dello scambiatore di <u>calore</u> è molto efficiente. Se viene utilizzata aria fredda, l'efficienza del il trasferimento termico è più basso e occorrerà forzare la velocità con ventilatori per assicurare un raffreddamento rapido.

I refrigeratori d'aria sono solitamente deumidificati, quindi corrono il rischio di disidratare il cibo se non è protetto da un contenitore.

Il congelamento deve essere rapido se si intende mantenere la qualità del prodotto, dal momento che i cristalli di ghiaccio, più grandi nei congelamenti lenti, possono rompere i tessuti del cibo.

La rimozione dell'acqua da un alimento per evaporazione si chiama disidratazione o essiccazione, quando il risultato è un solido con un'umidità molto bassa, o evaporazione, quando si elimina parzialmente l'acqua e il risultato è uno sciroppo o un liquido ad alta concentrazione di soluti, spesso zuccheri.

L'eliminazione dell'acqua in queste operazioni è energeticamente molto costosa, e l'apparecchiatura la realizza sono generalmente progettati con dispositivi a risparmio energetico.

Quando l'essiccamento avviene per via aerea, il controllo della sua temperatura e umidità relativa consente regolare i ritmi per ottenere un'essiccazione molto lenta, di settimane o mesi di durata come è necessario nella fabbricazione di salumi o prosciutti stagionati, o essiccati in tempi molto brevi, di poche ore come nell'essiccazione di verdure tritate, o di secondi nell'attrezzatura per ottenere latte in polvere o caffè solubile mediante nebulizzazione o spruzzatura.

L'ottenimento di zucchero di canna o di olio di soia o di girasole richiede una tecnica di solubilizzazione di detti componenti in solventi adatti, in un'operazione che è chiamata estrazione solido-liquido. Per lo zucchero, solubile in acqua, viene utilizzata acqua, mentre gli oli richiedono solventi organici come l'esano.

La miscela che si ottiene, si è arricchita durante i tempi di contatto grazie ad una corretta progettazione dell'attrezzatura, si separerà dal solido e da esso recupererà i soluti mediante tecniche di evaporazione o cristallizzazione, a seconda dei casi.

Alcuni cibi sono prodotti dalla contemporanea disidratazione e cottura in oli caldo. Questa operazione, nota come frittura, deve essere eseguita controllando la temperatura dell' olio e l'evoluzione della sua qualità nel tempo.

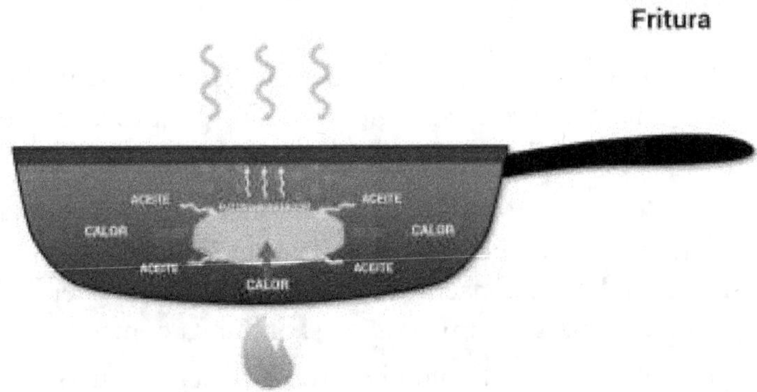

È inevitabile, in un breve riassunto, mettere da parte molte altre operazioni. La estrusione che impasta, cuoce e forma allo stesso tempo;

il riscaldamento per microonde o il dielettrico, e molti altri, dovrebbero considerarsi anche come alternative praticabili per determinati obiettivi tecnologici.

L'importanza dell'omogeneizzazione della forma e delle dimensioni.

Immagina di riscaldare una salsiccia cilindrica a bagnomaria,

qualcosa di comune nella produzione di salsicce cotte, mortadelle, salumi e simili. Il <u>calore</u> passa dal mezzo circostante (acqua o aria calda) alla

superficie della salsiccia, e da questo punto penetra verso l'interno.

Questo riscaldamento è possibile solo se tra due punti c'è una differenza di temperatura. Viene chiamato un profilo di variazione continua della temperatura gradiente di T, ed è espressa dalla derivata di questa proprietà lungo lo spessore della salsiccia.

Ciò implica che il tempo che la superficie passerà a T sarà molto maggiore di quello che sarà richiesto al centro. Come garantire che la proteina cagliata dal <u>calore</u>, e che qualche distruzione termica del microrganismi, almeno un po' di <u>cottura</u> deve essere garantita, cioè almeno un determinato binomio tempo-temperatura, in tutti i punti del prodotto.

Qual è il punto critico, quello che riceverà meno trattamento ?

Sarà quello a cui il <u>calore</u> arriva più tardi, e questo di solito accade nel punto più lontano della superficie o punto critico: l'asse, in un cilindro; il centro, in una sfera, ecc. Il trattamento in questo punto sarà ciò che determina l'intera operazione, che dovrà essere progettata per garantire, da un lato, le condizioni nel punto critico, e dall'altro, che il trattamento in eccesso (surriscaldamento) nel resto del prodotto non sia dannoso.

Queste sono idee generali. Le migliori simulazioni di penetrazione del <u>calore</u> ci mostrerebbero che quando, dopo il riscaldamento, sottoponiamo la salsiccia a raffreddamento in acqua, l'inerzia termica degli interni rende la temperatura nell'asta della salsiccia continua ad aumentare per un po', motivo per cui è necessario una analisi più dettagliata per sapere cosa succede in tutto il volume del prodotto.

In altre operazioni, come il congelamento di pezzi di grandi dimensioni, in cui a il sovra-trattamento non è dannoso, i costi energetici possono essere regolati rimuovendo esattamente l'energia termica che lascerà l'intero pezzo alla temperatura finale desiderata. Quindi, un blocco può essere progettato in cui il punto finale lascia la superficie ad una T più piccola di quanto desiderato, mentre il centro del pezzo è ancora a T più alto. Una volta nel magazzino ghiacciato, il <u>calore</u> sarà ridistribuito in tutto il pezzo fino a che il T finale desiderato, non sarà raggiunto.

Regolando bene questi parametri, si risparmia tempo e energia, che può essere rilevante nei risultati economici dell'azienda.

Come possiamo variare l'efficienza del trasferimento tra la superficie e il mezzo ?

Il trasferimento di <u>calore</u> tra una superficie solida e il mezzo fluido che lo circonda è importante, poiché più alto è il coefficiente di trasferimento, più basso sarà il tempo necessario per riscaldare, raffreddare, estrarre, asciugare ...

Il valore di questo coefficiente dipende da diversi fattori. In un modo molto generale possiamo dire che:

- I liquidi sono più efficienti dei gassosi.

- La agitazione (movimento relativo tra il fluido e la superficie) favorisce il trasferimento: a maggiore velocità, maggiore coefficiente.

- I fluidi meno viscosi trasmettono meglio che quelli più viscosi.

Il trasferimento di altre proprietà segue, in modo generale, gli stessi principi.

Come possiamo risparmiare energia in queste operazioni costose?

Nelle industrie alimentari, un piccolo risparmio energetico può significare molti soldi alla fine dell'anno. Pertanto, l'analisi e l'ottimizzazione dei consumi energetici è un compito importante.

Alcuni principi generali sono di utilizzare le proprietà in modo ottimale termodinamica dei fluidi (acqua, vapore) per riutilizzare al massimo la loro energia residuale, e utilizzare attrezzature efficienti nel senso che diano rendimenti elevati (poca perdita di energia nell'ambiente, per esempio, o meno consumo nella linea elettrica per gli stessi risultati).

L'acqua calda che esce da qualche operazione, (riscaldamento di vegetali), può essere riutilizzata per preriscaldare il prodotto in ingresso, in riscaldamento spazi, ecc.

Un classico esempio di funzionamento molto costoso è l'evaporazione, dove estraiamo per cambio di stato parte dell'acqua di succhi, latte, mosti, ecc., per ottenere sciroppi chiamati concentrati. In questo caso, una prima misura da esplorare sarebbe la separazione di parte dell'acqua mediante tecniche fini di filtrazione, come la ultrafiltrazione o osmosi inversa, ma la sua applicazione è limitata a determinate concentrazioni (oltre il 30% in solidi solubili lo sciroppo di solito è troppo viscoso per maneggiarlo con queste tecniche). Per il resto (su 65-72%) occorre ricorrere all'evaporazione.

A tal fine, solitamente si impiega il vapore rilasciato in una prima fase di evaporazione da utilizzare come riscaldatore nella fase successiva.

Essendo di minore temperatura e meno energico, potrà solo evaporare l'acqua dal semiconcentrato se questo evapora per abbassare T, che si ottiene lavorando a pressioni ogni volta minori, cioè con i relativi sistemi di vuoto.

GLI AGENTI ALTERANTI DEL CIBO.

Il cibo, in particolare i cibi trasformati, devono essere in grado di resistere a lungo senza soffrire di problemi fisici, chimici o microbiologici, per poter presentare una durata utile adeguata.

Nel caso di alterazioni fisiche ci riferiamo principalmente all'effetto di agenti esterni come i colpi, o l'azione del freddo o del <u>calore</u>, mentre nel caso di alterazioni chimiche, queste possono richiedere la partecipazione o meno di un enzima.

Due sono le principali reazioni chimiche non enzimatiche che alterano il cibo, brunitura non enzimatica, nota anche come reazione di Maillard e irrancidimento di grassi.

D'altra parte, è altrettanto frequente la alterazione degli alimenti mediata dagli enzimi presenti nel cibo stesso, come può essere l'ossidazione dei lipidi dall'azione di lipasi, la rottura delle proteine per effetto delle protasi o la doratura enzima originato, ad esempio, da polifenolossidasi. Tutte queste alterazioni portano, generalmente, a cambiamenti nel gusto e nell'aspetto del cibo.

Infine, la presenza di microrganismi nel cibo preoccupa l'industria alimentare, dovuto al fatto che da un lato potrebbe trattarsi di microrganismi alteranti, il cui sviluppo influisce sulla durata utile del prodotto e, dall'altro, possono essere microrganismi patogeni la cui presenza negli alimenti compromette la salute dei consumatori.

Cinque sono i principali tipi di microrganismi che riguardano l'industria alimentare: batteri, lieviti, muffe, virus e prioni.

I batteri sono microrganismi unicellulari procarioti, cioè formati da una unica cellula, il cui materiale genetico non è circondato da alcuna membrana nucleare, ma situato disperso nel suo citoplasma. Sono microrganismi, in generale, con crescita molto rapida, essendo in grado di raggiungere grandi popolazioni se le condizioni per il loro sviluppo sono appropriate.

I microbiologi dividono i batteri in due grandi gruppi, i batteri Gram positivi e Gram negativi, che differiscono per il loro diverso comportamento quando sono sottoposto alla colorazione di Gram, a causa delle differenze nella struttura delle loro pareti cellulari.

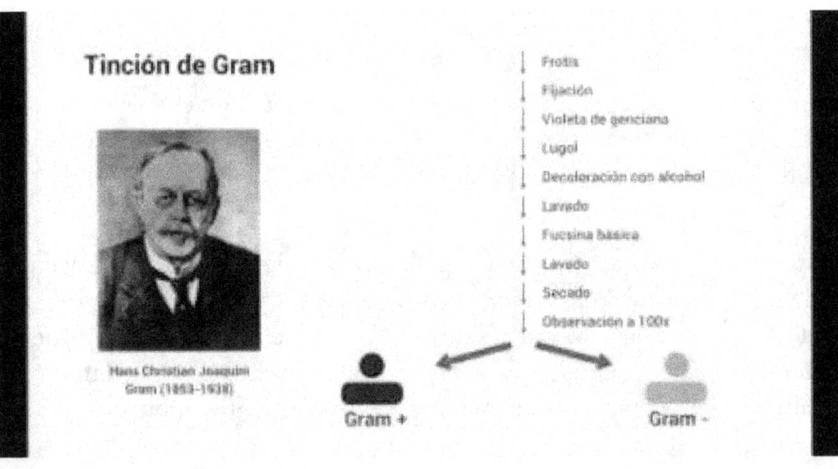

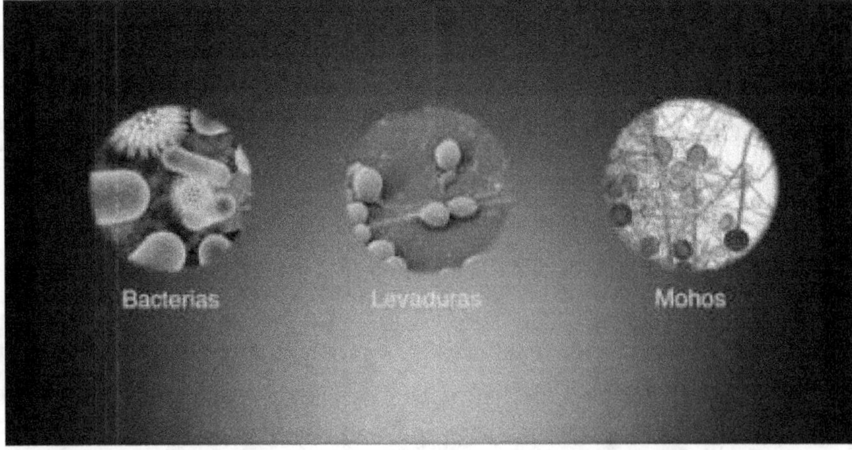

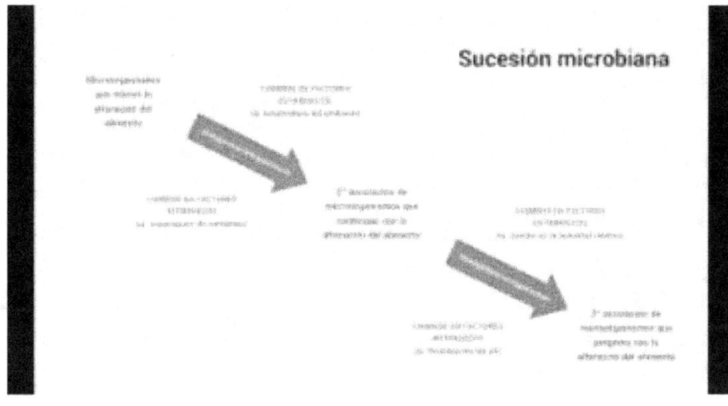

Tra i principali batteri patogeni Gram negativi importanti in microbiologia degli alimenti abbiamo Salmonella, Shigella, Escherichia, Campylobacter o Yersinia, mentre il grande gruppo di enterobatteri e il genere Pseudomonas rappresentano molti dei principali microrganismi che alterano il cibo.

D'altra parte, Listeria, Staphylococcus, Clostridium e Bacillus sono generi batterici Gram positivi che contengono molte specie patogene, mentre gli enterococchi, micrococchi, lattobacilli e il genere Leuconostoc comprendono un gran numero di specie alteranti il cibo.

È importante notare che molti batteri Gram-positivi sono in grado di produrre forme di resistenza a quelle che chiamiamo spore, che di solito sono abbastanza resistenti al calore, per questo possono causare problemi nei prodotti trattati termicamente.

I lieviti sono organismi eucarioti unicellulari, cioè il loro materiale genetico è situato nel nucleo della cellula. Sebbene i lieviti siano stati tradizionalmente usati per i loro effetti benefici nella produzione di alimenti fermentati come pane, vino o birra, ci sono specie la cui crescita incontrollata nel cibo provoca l'alterazione degli stessi alimenti provocando alterazioni come Candida, Debaryomyces, Rhodotorula, Pichia o Saccharomyces, tra gli altri.

Anche gli eucarioti sono muffe, che crescono in una forma multicellulare formando un quadro di filamenti che chiamiamo micelio, e che è molto spesso visibile al semplice vista.

Anche se ci sono casi, come la muffa che ci aiuta a produrre formaggio Cabrales o Roquefort, in cui le muffe possono essere benefiche, di solito il loro sviluppo negli alimenti è dannoso, potendo riuscire a produrre tossine, le quali noi chiamiamo micotossine. I principali generi di muffe che causano alterazioni negli alimenti sono Aspergillus, Penicillium, Fusarium, Alternaria e Rhizopus.

Infine, virus e prioni sono le particelle infettive acellulari con struttura più semplice che esista. I virus sono formati da una molecola di acido nucleico rivestita da una capsula proteica, e gli alimenti possono trasmettere virus talmente importanti quanto il norovirus e il rotavirus, che causano gastroenterite o virus dell'epatite.

I prioni sono solo proteine di piccole dimensioni con capacità auto-replicante e infettiva, la cui presenza nel cibo può causare malattie gravi come "malattia della mucca pazza", o più correttamente chiamato malattia di Creutzfeldt-Jakob.

Quindi, l'industria alimentare ha il compito di eliminare tutti questi tipi di microrganismi o, se non può farlo, ridurne il numero o creare condizioni adeguate per i microrganismi che sopravvivono ai trattamenti tecnologici, che non si possano sviluppare.

In effetti, sebbene il concetto di "sterilità" sia un concetto assoluto, in rare occasioni l'industria alimentare pretende produrre alimenti assolutamente sterili, cioè senza tracce di vita microbica. In generale, l'industria, specialmente nel caso dell'industria conserviera, è soddisfatta al raggiungere la cosiddetta "sterilità commerciale", che sarebbe definita come tale il trattamento grazie al quale vengono eliminati tutti i microrganismi patogeni e la maggior parte di quelli alteranti. In questo modo l'industria consente in alcuni casi la sopravvivenza delle spore termoresistenti da molti bacilli sporulati non tossi genici, che non possono germinare nelle condizioni usuali di conservazione degli alimenti.

Un cibo è un ecosistema complesso in cui, al tempo stesso, possono convivere i differenti tipi di microorganismi che di solito si trovano in esso, cioè, principalmente batteri, lieviti e muffe.

Tuttavia, di norma, quando pensiamo all'alterazione microbica di un tipo concreto di alimento, lo associamo sempre a un certo tipo di microrganismo.

Quindi, per esempio, quando si pensa all'alterazione microbica di una fetta di pane, ci viene in mente la comparsa di muffa sulla sua superficie, mentre se pensiamo all'alterazione di un filetto di pesce, sicuramente penseremo all'aspetto di una viscosità superficiale e al cattivo odore tipico di una decomposizione batterica.

Questo è il motivo per cui è stato definito come associazione microbica alterante a quell'insieme di microrganismi, di quelli inizialmente presenti in un alimento, che finisce per alterare la forma tipica di quel cibo.

L'associazione sarà formata da quel gruppo di microrganismi le cui proprietà fisiologiche permettono loro di moltiplicarsi massicciamente nel cibo e nell'ambiente che lo circonda.

Certamente, con le pari opportunità in un alimento, è più probabile che l'associazione tipica alterante sia formata dai batteri piuttosto che dal lievito, e dal lievito prima della muffa. Ciò è dovuto, tra gli altri fattori, alla più alta velocità di crescita dei batteri.

I fattori che influenzano la selezione dell'associazione microbica alterante sono, principalmente, di quattro tipi:
- Fattori intrinseci: sono caratteristici del cibo e tra questi sono inclusi la loro composizione e struttura fisica, il loro ph, la loro attività idrica e il loro potenziale di riduzione dell'ossidazione.

- Fattori estrinseci: hanno a che fare con l'ambiente che, naturalmente, circonda il cibo. Parliamo, principalmente, della temperatura e dell'umidità.

- Trattamenti tecnologici: sarebbero tutti quei processi industriali che applichiamo al cibo, come pastorizzazione, congelamento, confezionamento in atmosfera modificata, aggiunta di conservanti chimici, ecc.

- Fattori impliciti: hanno a che fare con le relazioni ecologiche tra i diversi tipi di microrganismi esistenti in un alimento. Quindi, le relazioni possono essere sinergiche, quando l'attività di un microrganismo favorisce il simultaneo o posteriore sviluppo di un altro tipo di microrganismo o antagonismo, quando accade tutto il contrario.

L'interazione di tutti questi fattori è quella che configura in un determinato momento in un alimento, le condizioni esclusive per lo sviluppo di un unico tipo o gruppo di microrganismi, che sarà, come abbiamo visto, quello che configurerà la sua associazione microbica alterante tipica.

Va notato che l'attività metabolica di una prima associazione microbica alterante, porterà con sé la modifica delle caratteristiche del cibo, per esempio, modificando la sua composizione nutrizionale o anche la sua propria temperatura, che può portare alla sostituzione di questa prima associazione microbica alterante con un'altra di un altro tipo, mediante un fenomeno che si chiama successione microbica, e che avviene progressivamente fino a quando nel cibo non ci sia nient'altro che possa essere usato dai microrganismi.

Potrebbe essere possibile controllare l'alterazione del cibo mediante manipolazione e la combinazione dei differenti tipi di fattori spiegati precedentemente. Questa è la base della conservazione degli alimenti.

Al momento della raccolta dell'uso di questi fattori, per controllare la alterazione degli alimenti, occorre tener conto che ognuno di essi può ottenere un differente obiettivo.

Da un lato, alcuni di essi possono prevenire o ritardare la decomposizione dei microrganismi, che possono essere raggiunti, ad esempio, da:

- l'applicazione di manipolazioni asettiche che limitano la contaminazione microbica.

- l'eliminazione fisica dei microrganismi dal cibo, con tecniche come la filtrazione, riservata agli alimenti liquidi non densi.

- rallentando l'attività metabolica dei microrganismi, come, ad esempio, usando la refrigerazione o il congelamento.

D'altra parte, esiste tutta un'altra serie di ostacoli in quello che si sta cercando di fare, è la distruzione e morte di microrganismi, come l'applicazione di <u>calore</u> o radiazioni ionizzanti.

Infine, non dobbiamo dimenticare che la stabilità del cibo non dipende solo dal controllo dei microrganismi, ma devono anche essere applicate misure per prevenire o ritardare la decomposizione degli alimenti per attività enzimatica o chimica, e la prevenzione di lesioni, dovute a insetti, altri animali, o a cause meccaniche.

Quando dobbiamo considerare un alimento non commestibile ?

In generale, la presenza di alterazioni fisiche, chimiche o microbiologiche rende un cibo considerato come non commestibile. Tuttavia, è necessario tenere conto di due considerazioni: non sempre le alterazioni sono evidenti (lo sviluppo di molti microrganismi, la comparsa di cambiamenti organolettici o la produzione di tossine da parte dei microrganismi non è sempre facilmente rilevabile), e, d'altra parte, non c'è bisogno di prove reali che il cibo sia alterato, in quanto solo quando abbiamo il ragionevole sospetto che il cibo può essere in cattive condizioni, può disabilitarlo per il consumo (come, per esempio, quando osserviamo una lattina con un colpo, oppure gonfia, o quando sospettiamo che ciò avvenga perché si è interrotta la catena del freddo).

Oltre a batteri, lieviti, muffe, prioni e virus, ci sono altri tipi di microrganismi che possono trasmettersi attraverso il cibo ?

Sì, è anche relativamente frequente trovare nei cibi, parassiti del gruppo di protozoi (come Cryptosporidium, Blastocystis, Giardia, Entamoeba, Toxoplasma ...), così come vermi piatti (Fasciola, Taenia ...) o vermi tondi (Enterobio, Ascaris, Trichinella, Anisakis ...).

D'altra parte, la presenza di microalghe e soprattutto delle loro tossine (come saxitoxina, microcistina e ciguatossina) spesso causano problemi negli alimenti come i molluschi.

Esiste una relazione tra il risultato della colorazione di Gram e il patogenicità dei batteri presenti nel cibo ?

No, nonostante il fatto che un numero molto elevato di microrganismi alteranti gli alimenti, sono batteri Gram-negativi, ci sono batteri patogeni molto importanti sia nel gruppo Gram positivi come nel gruppo Gram negativi. Il test Gram rivela solo le differenze in termini di composizione della parete cellulare di questi microrganismi, le quali vengono utilizzate per la loro classificazione.

L'intossicazione alimentare causata da batteri è più pericolosa di quella causata dalla muffa ?

Non necessariamente In effetti le muffe sono in grado di produrre tossine, chiamate micotossine, tra cui l'aflatossina B1, nota per essere l'agente di origine naturale più cancerogeno scoperto fino ad oggi.

Proprio come il <u>calore</u> è uno degli strumenti più utilizzati per controllo di batteri, lieviti e muffe, può un trattamento termico distruggere i prioni ?

Sì, ma la sua resistenza al <u>calore</u> è estremamente alta, ecco perché si richiedono trattamenti termici molto alti, che non tutti gli alimenti possono sopportare. Di fatto, la straordinaria stabilità all'inattivazione fisica e chimica dei prioni è considerato oggi come la causa principale dell'epidemia di encefalopatia espongiforme bovina (nota come morbo della mucca pazza), alcuni anni fa, a causa del trattamento insufficiente della farina di carne e ossa usato per nutrire il bestiame.

Lo stesso alimento si altera sempre dallo stesso tipo di microrganismo ?

Anche se in genere una certa materia prima alimentare di solito, mostra sempre la sua alterazione per lo stesso tipo di microrganismo/i,
i trattamenti tecnologici influenzano notevolmente il tipo di alterazione più frequente. Per questo motivo, per esempio, se in una arancia la cosa più abituale è che l'alterazione inizia da una muffa, se fai il succo con quell'arancia, la cosa più frequente è che l'alterazione sia dovuta allo sviluppo di lieviti. Questo ha a che fare con il cambiamento dei fattori intrinseci al cibo stesso, come, in questo caso, l'eliminazione del rivestimento esterno del frutto e l'elevazione del suo potenziale di riduzione dell'ossidazione (a causa dell'ossigenazione del succo).

Per garantire la conservazione degli alimenti, l'obiettivo dell'industria alimentare è sempre quello di uccidere i microrganismi presenti nello stesso ?

Non necessariamente. Sebbene la loro morte assicuri che non si possano riprodurre, cosa molto conveniente, a volte è sufficiente eliminarli fisicamente dal cibo (per esempio, se il cibo lo consente, filtrandolo), non lasciarli moltiplicare (come accade quando si congela il cibo) o controllare il tipo di microrganismi ai quali vogliamo impedirne la moltiplicazione in maniera massiccia (come con il cibo fermentato).

Gli alimenti in scatola sono sterili ?

La sterilità è un concetto biologico assoluto che implica l'assenza di qualsiasi forma di vita. In altre parole, non ci sono cibi "quasi sterili".

Per raggiungere quell'obiettivo a cui l'industria alimentare dovrebbe sottomettere il cibo a trattamenti così estremi, che alla fine l'alimento verrebbe influenzato così gravemente, da perdere qualunque valore, dal punto di vista organolettico o nutrizionale. L'obiettivo quindi dell'industria conserviera non è quello di raggiungere la sterilità, ma solo garantire la distruzione di tutti i microrganismi patogeni e i principali alteranti, e che i microrganismi alteranti che sopravvivono, non possano moltiplicarsi nelle condizioni usuali di conservazione degli alimenti.

CONTRO I MICRORGANISMI: DISTRUZIONE PER CALORE.

La causa principale dell'alterazione del cibo sono i microrganismi che crescono in esso. Per impedirlo, possiamo limitare la crescita di microrganismi o distruggerli. In questo capitolo studieremo la tecnica più utilizzata per distruggerli:

le alte temperature.

Il modo che una conserva duri dopo la sua fabbricazione, nella sua produzione sarà stata trattata da calore in base a un bilanciamento di determinate temperature e tempi. Con questo, si ottiene che la popolazione di microrganismi presenti nell'alimento, si riduce fino a scomparire, virtualmente.

Il calore è molto efficace per la distruzione microbica, ma devi fare bene i calcoli per garantire la desiderata riduzione della popolazione. Devi conoscere il modo che viene eseguita la distruzione, per assicurarsi che i metodi di riscaldamento e le caratteristiche del cibo e l'imballaggio, che condizionano la penetrazione del calore nel prodotto, consentano che nessuna parte del prodotto sia inferiore ai valori richiesti.

I microrganismi sono esseri unicellulari, particelle viventi a cui il calore uccide per denaturalizzazione delle proteine e decomposizione chimica di altri componenti. Quando la temperatura è costante, la probabilità che un microrganismo muoia è costante, per cui il numero di microrganismi distrutti dipende dalla popolazione che si trova in ogni momento.

Ciò che deve essere mantenuto è la percentuale di distruzione in ogni intervallo di tempo.

La cinetica (cambiamento nel tempo) della distruzione termica dei microrganismi a T costante, segue questo modello:

siccome il numero di microrganismi distrutti in ciascuna unità di tempo è proporzionale alla popolazione che era all'inizio dell'intervallo, quello che sarà costante in ciascuno intervallo sarà la percentuale di microrganismi distrutti, non il numero assoluto.

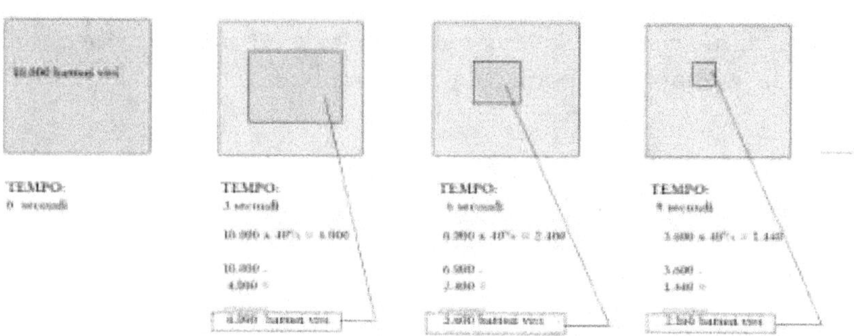

Nell'esempio, possiamo supporre che in un quadrato grande sia uguale a 1 g di cibo e ogni quadratino piccolo (del totale di 100), rappresenta 100 batteri vivi, che vengono trattati ad una temperatura letale per loro (ad esempio, 110 ° C). Se il 40% della popolazione viene distrutta ogni 3 s di trattamento, si produrrà una evoluzione: partiremo da 100x100 = 10000 microrganismi vivi per grammo di alimento.

Dopo 3 s, il 40% sarebbe stato distrutto , ovvero 4000, e ne sarebbero sopravvissuti 6000. Dopo altri 3 s, il 40% di questi 6000, ne sarebbero stati distrutti 2400. Ne rimarrebbero 3600. Quanto tempo sarebbe necessario per avere meno di 500 microrganismi per grammo di cibo ?

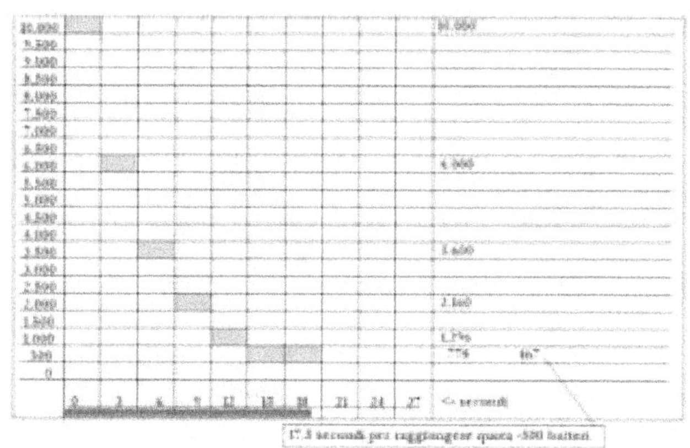

La distruzione avviene casualmente, in modo che si possa conoscere, statisticamente, quanti se ne stanno distruggendo, ma non quali in particolare.

Questa diminuzione è solitamente espressa su scala logaritmica, dove l'evoluzione della popolazione microbica appare lineare.

Il modello matematico che descrive questa distruzione è lo stesso che descrive la decomposizione di materiali radioattivi nel tempo. Tuttavia, invece della vita media, in termodistruzione si utilizza il tempo necessario per distruggere il 90% dei microrganismi, cioè per produrre una riduzione decimale della popolazione. Questo tempo DT, moltiplicato per il numero di riduzioni decimali che vogliamo raggiungere, n, ci darà il tempo totale di trattamento alla temperatura T, che chiamiamo FT. Questa relazione si chiama Prima Legge di Distruzione Termica o Legge di Sopravvivenza. Il tempo di distruzione decimale è caratteristica di ciascun microrganismo e ambiente.

Un problema che dobbiamo risolvere è trovare l'equivalenza dei tempi di trattamento a diverse temperature. Se a 75 ° C ho bisogno di 3 minuti, quanto tempo avrò bisogno a 90 ° C per lo stesso effetto ?

Questo è necessario per due motivi: primo, perché i dati di distruzione termica non sempre li avremo per la temperatura che vogliamo trattare. E, secondo, perché quando trattiamo cibi confezionati, il calore penetra gradualmente e la temperatura non è costante, quindi è necessario valutare l'effetto di questa temperatura che cambia sulla distruzione termica.

Per questo, sperimentalmente si sa che una distruzione termica che si ottiene a una temperatura e tempo, si può ottenere a T maggiore e tempo più breve.

Si può stabilire, per ciascun microrganismo e mezzo, un valore z di incremento della temperatura, in odo che, se aumentiamo di z gradi il trattamento, il tempo necessario per lo stesso grado di distruzione termica sarà 10 volte inferiore. Quindi, se z è 12° C, e assumiamo che a

80 ° C richiede F80 = 50 secondi, aumentando il trattamento a 80 + 12, cioè a 92° C, lo stesso effetto distruttivo richiederà un tempo 10 volte minore; solo 5 secondi (= F92).

La relazione matematica che lo esprime è nota come Seconda Legge della Distruzione termica.

Queste due leggi consentono di analizzare l'effetto di una temperatura variabile. Per quello, basta integrare l'effetto di distruzione termica in ogni istante, lungo la curva di penetrazione e si ottiene il tempo di trattamento equivalente alla temperatura che abbiamo assunto come riferimento. Questo (AT, tempo F alla temperatura T) sarà la nostra scala di sterilizzazione.

Per la applicazione di <u>calore</u> agli alimenti, disponiamo di distinte tecnologie. Possiamo trattare il cibo prima o dopo l'imballaggio, e possiamo ottenere energia termica da diverse fonti.

I trattamenti termici possono essere effettuati con due obiettivi. Se intendiamo eliminare microrganismi patogeni e la maggioranza di forme vegetative o non resistenti, del resto, può essere sufficiente un trattamento a temperature relativamente basse, inferiori a 100° C. Questa tecnica si chiama pastorizzazione, per commemorare Louis Pasteur, che ha posto le basi della microbiologia industriale. Non assicurando la completa distruzione di microrganismi alteranti, i prodotti pastorizzati devono avere proprietà, come pH basso o bassa attività di acqua, per proteggerli, o devono essere commercializzati a temperature di refrigerazione.

Quando vogliamo garantire una lunga conservazione, è necessario eliminare tutte le cellule e anche le sue forme resistenti, fino ad una probabilità di sopravvivenza minima. Per questo, si applicano temperature elevate, superiori a 100ì° C, che richiedono scambiatori di <u>calore</u> o contenitori di pressione. Questa operazione è chiamata sterilizzazione termica.

È importante che, una volta trattato il cibo, si eviti la ricontaminazione. Questo ci porta a due alternative principali per questo processo: o trattare il prodotto alla rinfusa, o già confezionato.

Se trattiamo il cibo alla rinfusa, la confezione dovrebbe essere confezionata in condizioni asettiche.

Ci sono diverse tecniche per questo; forse il più noto è il sistema di confezionamento Tetrapack in cartone.

Trattare il cibo dopo l'imballaggio evita questo problema, ma la penetrazione del <u>calore</u> nel contenitore è meno efficiente che attraverso gli scambiatori di <u>calore</u> e l'omogeneità del trattamento è inferiore.

Per quanto riguarda la sterilizzazione dei prodotti sfusi, ci concentreremo sui liquidi, anche se ci sono anche scambiatori per solidi particolati.

Lo scambio dipende da diversi fattori: la differenza di temperatura tra il cibo e il mezzo di riscaldamento, l'area della superficie di scambio e la resistenza creata da entrambi i fluidi e per il materiale dello scambiatore. Poiché è interessante il fatto che il cibo si scaldi molto rapidamente, queste apparecchiature di solito hanno una grande superficie di scambio, in modo che si possa stimare come istantaneo, sia il riscaldamento che il raffreddamento. Il tempo di trattamento si ottiene con una sezione di tubo ben isolata subito dopo il riscaldamento. Il raffreddamento viene fatto usando il <u>calore</u> per preriscaldare il cibo che entra nell'apparecchiatura, al fine di risparmiare energia. Una volta trattato, viene conservato in cisterne sterili e imballato in modo asettico.

La forma degli scambiatori determina l'area di scambio. Nella industria alimentare, sono comuni gli scambiatori a piastre, costituiti da piastre parallele che lasciano un piccolo spazio tra di loro per la circolazione di entrambi i fluidi, e dei tubolari, che possono essere due tubi concentrici o un fascio di tubi all'interno di un alloggiamento. Uno dei fluidi circola all'interno dei tubi e l'altro all'esterno.

Se trattiamo il cibo già confezionato, come spesso accade coi legumi in scatola, verdure o carne, è necessario assicurarsi che la chiusura del contenitore sia a tenuta d'aria, e prima di chiuderlo, si procede ad estrarre l'aria, che potrebbe ossidare il cibo durante il tempo di commercializzazione. Questa operazione viene solitamente eseguita iniettando un getto di vapore nello spazio della testa del contenitore; una volta chiuso, questo vapore si condenserà e creerà un vuoto protettore in questo spazio. Lo spazio tra le parti solide è riempito con il cosiddetto liquido di governo, che di solito è una salamoia (soluzione di sali in acqua) per verdure e carni, uno sciroppo (soluzione di zucchero in acqua) per frutta, o oli per alcune conserve di pesce e frutti di mare.

Il percorso di <u>calore</u> all'interno del contenitore è più grande che non negli scambiatori, quindi occorre analizzare cosa succede nel punto più freddo del contenitore. Il seguito della temperatura a questo punto mostra una curva di crescita, stabilizzazione e decrescita, che deve essere analizzata integrando le letalità istantanee per conoscere il valore sterilizzatore FT ottenuto.

Le attrezzature utilizzate sono normalmente recipienti a pressione. Ciò consente il ricorso ad acqua liquida per alte temperature (ad esempio, a 2 bar assoluti, l'acqua bolle a 120 ° C), oppure, ciò che è più comune, consente al vapore di condensare sopra i contenitori a queste temperature.

Poiché il <u>calore</u> dato dalla condensa è molto più alto di quello dato dal raffreddamento ad acqua, il trasferimento per vapore a condensante è molto più efficiente.

Questi contenitori sono chiamati autoclavi, e di solito funzionano in discontinuo, caricando diversi lotti di lattine o contenitori di vetro, in cestelli di metallo che vengono depositati al suo interno. Il ciclo di riscaldamento inizia con l'iniezione di vapore per espellere l'aria

all'interno dell'autoclave, evitando così di interferire con il trasferimento di <u>calore</u>. Poi, l'automatismo comincia a iniettare vapore per mantenere la temperatura interna durante il tempo necessario, e dopo che il tutto si è raffreddato, completando la curva di sterilizzazione a temperatura-tempo.

Autoclave verticale.

Autoclave orizzontale.

Come sappiamo quale microrganismo dobbiamo prendere come riferimento ?

Gli alimenti sono media complessi che hanno una popolazione microbica varia.

E, al suo interno, alcune specie saranno più o meno resistenti al trattamento termico, la sua popolazione sarà più alta o più bassa nella materia prima (anche se dobbiamo utilizzare materie pulite, poiché i costi di trattamento saranno inferiori e la qualità finale del prodotto, maggiore, per poter utilizzare tempi di trattamento più brevi).

Ogni cibo, a seconda della sua composizione, della sua origine, dei materiali con cui è stato in contatto durante il processo, ecc., avrà una popolazione caratteristica la quale sarà la base per la scelta del trattamento. Come criterio generale, sarà scelto il microrganismo che soddisfa contemporaneamente i seguenti quattro requisiti:
- Deve essere presente normalmente nel cibo. Quindi, nei prodotti

che siano stati in contatto con terra, polvere, ecc., saranno presi in considerazione sporulati, frequenti in questo mezzo.

- Deve essere il più resistente al <u>calore</u> tra quelli che soddisfano gli altri requisiti.

- Deve essere in grado di crescere nel cibo in condizioni di conservazione o commercializzazione. Per questo criterio vengono scartati molti microrganismi. In tal modo, pertanto, con pH <4,5, non si prevede che il botulino e altri possano crescere, che formano spore resistenti al <u>calore</u>, che consente trattamenti per i prodotti acidi (succhi di frutta, conserve di pomodori) sono molto più morbido rispetto a prodotti meno acidi (funghi, alcune verdure, carne ...).

- Se cresce deve essere dannoso o per il prodotto (deterioramento della qualità) o per il consumatore (patogenicità attraverso l'infezione o attraverso metaboliti tossici che possono generarsi).

Come possiamo risparmiare energia nello scambio termico ?

È comune che il cibo raggiunga lo scambiatore di temperatura, refrigerato o a temperatura ambiente. Il suo <u>calore</u> specifico (quantità di energia -J- che deve essere fornita ad esso in modo che un'unità di massa, kg aumenti un'unità di temperatura, in ° C-), di solito è un po' più basso dell'acqua, che è 4180 J / kg · ° C. Anche quando il <u>calore</u> di combustione diesel è molto alta (circa 40.000 kJ / kg), una industria che tratta in modo intenso grandi quantità di prodotto, incorre in costi molto elevati per questo concetto. Per questo motivo, negli scambiatori sono inclusi moduli che sfruttano l'energia termica del prodotto già trattato per preriscaldare il prodotto successivo.

CONTRO I MICRORGANISMI: METODI NON TERMICI.

Allo stato attuale, il consumatore è incline agli alimenti trasformati sicuri, con alto valore nutritivo e proprietà organolettiche similari a quelle del prodotto fresco. Di conseguenza, l'industria alimentare cerca di migliorare continuamente i suoi processi produttivi e cerca alternative tecnologiche al trattamento termico tradizionale. I trattamenti non termici come le alte pressioni idrostatiche, gli impulsi elettrici ad alta intensità di campo e le irradiazioni, si propongono come possibili tecnologie per ottenere alimenti che soddisfino le esigenze del consumatore.

Di seguito una breve descrizione dei fondamenti di questi metodi. no termici, e verranno presentate le attrezzature utilizzate per ciascuna di queste tecnologie.

Nel trattamento per alte pressioni idrostatiche vengono applicate pressioni agli alimenti, tra 100 e 1000 MPa in modo uniforme in tutte le direzioni. È importante evidenziare che la pressione applicata viene trasmessa in modo isostatico (uniforme) e quasi istantaneamente in tutti i punti del prodotto, indipendentemente dalla sua composizione, dimensione e forma. Questo evita la deformazione del prodotto e fa si che il trattamento sia omogeneo e non ci siano zone eccessivamente trattate. Il trattamento per alte pressioni si basa sul principio di Le Chatelier, il quale postula che alte pressioni favoriscano qualsiasi reazione, cambiamento di conformazione o cambiamento di fase, oltre ad una diminuzione del volume.

L'attrezzatura industriale ad alta pressione consiste essenzialmente in una camera di pressione e il suo sistema di chiusura, un sistema di generazione della pressione, un mezzo di trasmissione della pressione, un sistema di controllo della temperatura e un sistema di gestione del prodotto, che può essere più o meno automatizzato.

Quando la pressione è applicata in modalità discontinua, il cibo confezionato in un contenitore di materiale flessibile è posto nella camera con acqua come mezzo di trasmissione della pressione e si sottopone al trattamento. Il contenitore deve resistere alla pressione applicata, ma va notato che le bottiglie standard di plastica, confezioni sottovuoto e sacchetti di plastica sono adeguati.

I sistemi discontinui sono ideali per prodotti che comprendono solidi e liquidi combinati.

Carni cotte, stufati, guaca mole, succo di frutta, frutti di mare e cibi pronti per il consumo sono esempi tipici di alimenti da trattare con alte pressioni in discontinuo.

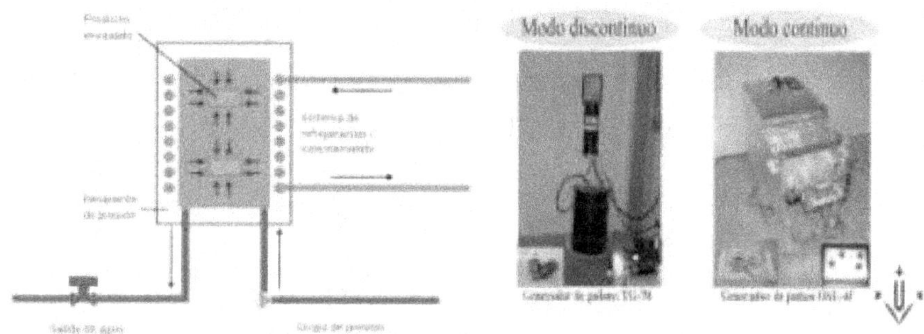

Il cibo può anche essere trattato in modo semi-continuo, in cui il cibo è confinato in una camera che è pressurizzata per mezzo di pistoni che separano il prodotto dal mezzo di trasmissione della pressione. Il cibo pressurizzato deve essere evacuato da una unità di valvole asettiche ad alta pressione che consente alte portate senza danneggiare il prodotto. Questo tipo di processo è applicabile solo ai prodotti alimentari che possono essere pompati.

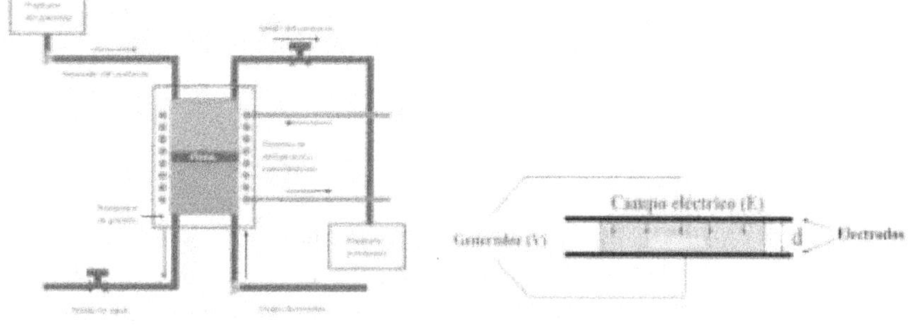

Gli impulsi elettrici di alta intensità di campo, è una tecnica che consiste nell'esporre ripetutamente un cibo situato tra due elettrodi in intensi campi elettrici. Vengono utilizzati impulsi estremamente brevi (nell'ordine dei microsecondi) e di alta tensione (diverse decine di migliaia di volt).

L'attrezzatura per il trattamento del cibo tramite impulsi elettrici fondamentalmente è costituita da un generatore di impulsi e una camera di trattamento. La fonte di generazione degli impulsi accumulano bassi livelli di energia elettrica a bassa tensione per scaricare quell'energia quasi istantaneamente ad alta tensione, in modo che il tempo tra gli impulsi sia molto maggiore della durata dell'impulso. D'altra parte, la creazione del campo elettrico ad alta intensità ha luogo nell'interno di una camera in cui il cibo può essere collocato (sistema discontinuo) o fluire attraverso lo stesso (sistema continuo). Questa tecnologia è utile per la conservazione di alimenti liquidi.

Nell'efficacia del processo, influiscono la intensità di campo, la forma dell'impulso, la polarità della sua applicazione e il tempo di trattamento, che è dato dalla larghezza e dal numero

di impulsi , oltre alle caratteristiche elettriche del cibo.

Si possono usare tre tipi di radiazioni ionizzanti, per preservare il cibo:

- I raggi gamma, che sono prodotti da radioisotopi di cobalto 60 o di cesio 137.

- I raggi X di energia inferiore.

- I fasci di elettroni accelerati.

Le dosi di radiazioni consentite nel cibo dipendono dalle caratteristiche di ciascuno prodotto. Dosi che vanno da 2 a 5 kGy prolungano il tempo di conservazione, e se sono dell'ordine di 10 kGy garantisce qualità e conservazione per lunghi periodi di tempo senza bisogno di refrigerazione

La sicurezza degli alimenti irradiati è riconosciuta dalla World Food Organization Salute dal 1980. Si considera che un alimento che ha ricevuto una dose di 10 kGy non presenta alcun rischio tossicologico.

Fondamentalmente, tutti gli impianti di irradiazione hanno una struttura simile e alcuni elementi comuni:

- zona di immagazzinamento di prodotti che è necessario sia perfettamente separata dalla zona in cui si immagazzinano i prodotti trattati, per evitare qualsiasi tipo di contaminazione incrociata.

- zona di trattamento. Cella avvolta in cemento di 2 m di spessore, che garantisce la protezione biologica del personale operativo. All'interno è la fonte di irradiazione. I nastri trasportatori effettuano un giro rotatorio all'interno dell'area per garantire una dose omogenea in tutto il prodotto. La dose totale ricevuta è calcolata in base al tempo in cui il prodotto è all'interno della zona di trattamento e, quindi, in base alla velocità del nastro trasportatore.

- piscina per lo stoccaggio delle fonti di cobalto60 o cesio137 o sale di refrigerazione per il circuito di raffreddamento dell'acceleratore di elettroni.

Le fonti radioattive di cobalto e cesio sono incapsulate all'interno delle barre, in modo che le barre entrano nell'area di trattamento del prodotto. Quando non vengono utilizzati, si immergono in una piscina di acqua deionizzata situata sottoterra ad una profondità minima di 4 m.

Tuttavia, se viene utilizzato un acceleratore di elettroni, è necessario uno spazio per installare l'apparecchiatura.

L'acceleratore di elettroni è un catodo riscaldato che fornisce a un tubo evacuato gli elettroni che accelereranno in un campo elettrostatico ad alta tensione. Il getto di elettroni si dirige direttamente sopra l'alimento,

o si bombarda su un materiale che genera raggi X.

- zona di scarico che è separata dalla zona di carico, per evitare errori, ed è dove viene raccolto il prodotto trattato.

- area di conservazione del prodotto trattato.

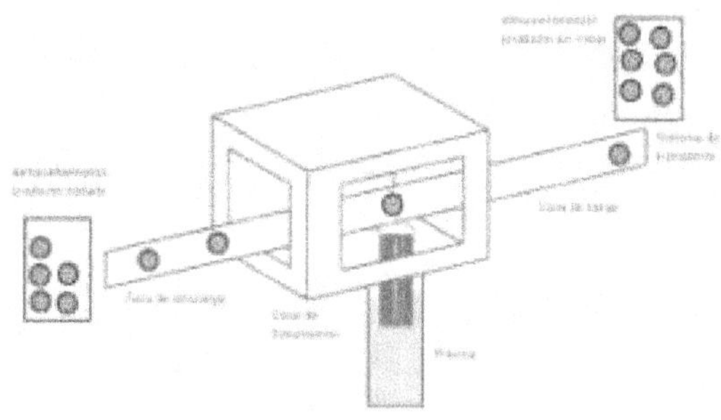

Questo metodo non termico è particolarmente interessante nei cibi solidi indipendentemente dal fatto che siano confezionati o meno. L'irradiazione non è consigliabile nel cibo con grasso (ad es. derivati del latte) perché alcuni enzimi rilasciano ossigeno attivo che causa perdite di componenti liposolubili e aromi "rancidi".

L'industria alimentare si trova in una nuova fase di sviluppo e implementazione di nuovi metodi non termici di lavorazione degli alimenti. Tuttavia, è importante sapere l'effetto che questi metodi producono su microrganismi, enzimi e composti nutrizionali.

Le alte pressioni, gli impulsi elettrici di alta intensità di campo e le irradiazioni influenzano in forma diversa nella qualità degli alimenti trattati. Successivamente, si realizzerà una breve descrizione dell'effetto di ciascuna di queste tecnologie su microrganismi, enzimi, componenti nutritivi e proprietà organolettiche del cibo.

L'effetto letale della alta pressione sui batteri è dovuto a un numero di processi che si svolgono in modo simultaneo. In particolare, la pressione provoca una riduzione del volume del doppio strato della membrana plasmatica che influenza la permeabilità della stessa e può dare come risultato il danno o la morte della cellula. Inoltre, provoca cambiamenti nel funzionamento di enzimi essenziali per la crescita e la riproduzione di microrganismi.

Le alte pressioni possono modificare sia la struttura degli enzimi, e quindi la loro attività, come il substrato che, trasformato, può influenzare positivamente o negativamente sull'attività dell'enzima.

La maggior parte degli enzimi importanti nel deterioramento del cibo sono relativamente resistente alla pressione ed è difficile ottenere la completa inattivazione. Quindi, gli enzimi responsabili della doratura di frutta e verdura (polifenolossidasi), richiede pressioni di 800 MPa o più per causare l'inattivazione completa.

Il succo d'arancia è uno degli alimenti più studiati nell'applicazione delle alte pressioni. Alcuni studi dimostrano che la concentrazione di vitamina C in questi prodotti, non è influenzata dal trattamento ad alta pressione. D'altra parte, la vitamina A viene distrutta di meno rispetto ad un succo trattato termicamente.

Uno dei maggiori vantaggi dell'applicazione di alte pressioni è che sono conservati aromi, odori e colori, a differenza di quanto avviene con i metodi termici.

Sono stati proposti due meccanismi per spiegare l'inattivazione dei microrganismi da impulsi elettrici, quello di rottura elettrica e quello di elettroporazione.

Nel primo caso, la "rottura elettrica", è considerata tale quando la differenza del potenziale attraverso la cellula raggiunge un livello critico, (normalmente considerato come a 1 V) i pori si formano nella membrana e questa si danneggia. La rottura della membrana è reversibile se i pori sono piccoli in relazione alla superficie totale della membrana, ma, quando i pori si estendono sulla superficie della membrana, quindi, il risultato è la distruzione della membrana cellulare.

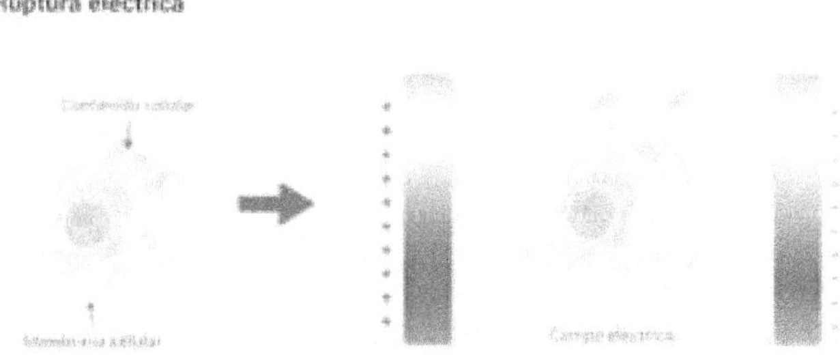

Nel caso dell'elettroporazione, il microrganismo viene sottoposto a un campo elettrico intenso, e si destabilizzano temporalmente il doppio strato lipidico e delle proteine della membrana cellulare.
Nelle molecole dei lipidi si producono cambiamenti conformazionali, che influenzeranno la naturalezza semipermeabile della membrana, producendo gonfiore e la rottura della cellula.

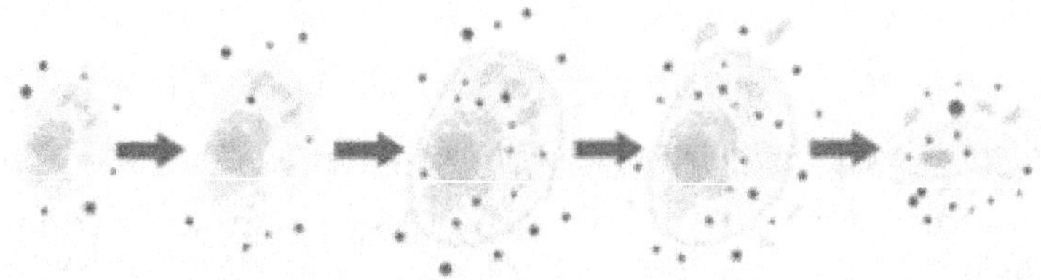

L'effetto degli impulsi elettrici sugli enzimi è molto variabile in base all'intensità di campo applicato, il numero di impulsi, la temperatura di trattamento e il mezzo dove si trova l'enzima. Alcuni studi sui succhi di pomodoro hanno indicato riduzioni di quasi il 100% dell'attività iniziale negli enzimi legati alla degradazione della consistenza, e nei succhi di pesca, pera e mela la polifenolossidasi è stata ridotta del 60-90% applicando un intervallo di intensità da 3 a 24 kV / cm.

Negli alimenti ricchi di vitamina C, come i succhi di frutta, viene distrutta meno vitamina quando questi sono trattati da impulsi elettrici che con trattamenti termici tradizionali.

In altri tipi di alimenti, come il latte, i risultati mostrano che non ci sono cambiamenti né nelle vitamine liposolubili studiate (colecalciferolo e tocoferolo), né nella riboflavina e tiamina, c'è solo una diminuzione della vitamina C, ma al di sotto del livello prodotto da trattamenti termici.

In molti degli studi effettuati, è stato osservato, mediante analisi sensoriale, che gli aromi e il sapore del cibo non si deteriorano significativamente quando sottoposti a trattamento con impulsi elettrici ad alta intensità di campo.

Gli ioni radioattivi cambiano la struttura della membrana cellulare di microrganismi e influenzano le loro attività enzimatiche e metaboliche. Tuttavia, l'effetto più importante è quello prodotto su DNA (acido desossiribonucleico) e RNA (acido ribonucleico), che sono essenziali per la sua crescita e proliferazione. Gli effetti si manifestano quando la doppia elica del DNA non è in grado di dispiegarsi, impedendo la duplicazione cellulare. La velocità con la quale la cellula muore dipende dalla velocità con cui gli ioni si generano e interagiscono con il DNA.

Gli enzimi sono molto resistenti all'irradiazione, infatti, per inibire la loro attività, sono necessarie dosi molto elevate, dell'ordine di 60 kGy. Ciò implica che il cibo sterilizzato da irradiazione, si può ancora alterare per reazioni enzimatiche.

La sensibilità delle vitamine una volta irradiate, varia in base alla dose che riceve l'alimento, il tipo di vitamina e il tipo di cibo, nonché le condizioni in cui è stato irradiato il cibo. Le vitamine A, E, C, K e B1 (tiamina) sono relativamente sensibili alla radiazione, mentre altre vitamine del gruppo B e vitamina D sono molto più stabili.

Le perdite sono minori in assenza di ossigeno e con basse temperature di irradiazione.

In condizioni ottimali, le perdite vitaminiche negli alimenti irradiati a dosi inferiori a 1 kGy sono insignificanti.

Utilizzando la giusta dose di radiazioni, le proprietà organolettiche possono mantenersi in gran parte. Tuttavia, quando si applicano alte dosi, possono essere prodotti, negli alimenti, modificazioni nel gusto, colore e consistenza, che possono rendere il cibo inaccettabile per il consumo. Una delle alterazioni organolettiche più caratteristiche è la comparsa di odori sgradevoli e sapori rancidi. Ciò è dovuto alla rottura delle molecole di acido grasso insaturo.

 Le nuove tecnologie di conservazione sono una buona alternativa al trattamento termico tradizionale in quanto producono un effetto meno severo sui nutrienti del cibo e garantiscono la sicurezza dello stesso.

In quali tipi di alimenti si applicano solitamente alte pressioni ?
Insalate, succhi di frutta, pesce, frutti di mare, carne, prodotti lattiero - caseari, sono alcuni dei prodotti che vengono elaborati da alte pressioni.

I principali beneficiari di questa tecnologia sono stati i prodotti a base di carne e i loro derivati pronti per il consumo: salsicce, piatti pronti o addirittura pezzi completi di prosciutto. L'industria della carne ha optato per questa tecnologia come alternativa più sicura per i prodotti a fette, in quanto vengono distrutti i microrganismi patogeni evitando in questo modo l'aggiunta di additivi per la loro conservazione, migliorando cioè la salubrità del cibo, per il consumatore..

Anche le aziende che si dedicano alla lavorazione di pesce e frutti di mare hanno scoperto in questa tecnica un importante alleato per commercializzare ed estendere la durata dei prodotti del mare. Le principali applicazioni di alte pressioni in questo campo è focalizzato sull'apertura dei molluschi. Allo stesso modo succede con crostacei. Quando vengono applicate alte pressioni, la carne si separa dal carapace senza la necessità di una <u>cottura</u> precedente. In questo modo, aragoste, aragoste o aragoste norvegesi, tra gli altri frutti di mare, mantengono le loro caratteristiche naturali e possono essere consumati freschi.

A cosa servono gli impulsi elettrici per il cibo ?

Gli impulsi elettrici vengono utilizzati con due finalità diverse:

- L'estrazione di componenti intracellulari di interesse nell'industria alimentare:

la formazione di pori permette di estrarre sostanze come i pigmenti, zuccheri e altri composti senza la necessità di ricorrere a tagli eccessivi o riscaldamento. Cioè, aumenta il rendimento del processo di estrazione.

- La pastorizzazione di prodotti liquidi: è possibile inattivare le cellule vegetative da funghi e batteri. Tuttavia, le spore batteriche sono resistenti all'azione dei campi elettrici.

Quali tipi di trattamenti di irradiazione vengono applicati al cibo ?

Da un punto di vista pratico, ci sono tre tipi di applicazioni generali e categorie di dosi per alimenti trattati con radiazioni ionizzanti: dose bassa, meno di 1 kGy (Gray) in cui la germinazione è inibita, ritarda la maturazione e gli insetti sono eliminati; dose media, da 1 a 10 kGy in cui si riducono i microrganismi alteranti, i patogeni, i non sporulati e viene ritardata la maturazione; dose alta, da 10 a 50 kGy in cui vi è una riduzione di microrganismi a livello di sterilità.

A seconda dello scopo specifico del trattamento, questi intervalli generali ricevono denominazioni che esprimono il livello di dose.

Sono definiti:

- Radurazione: trattamento del cibo con una dose di radiazioni ionizzanti sufficiente per aumentare la sua emivita riducendo sostanzialmente il numero di microrganismi alteranti.

- Radicizzazione: trattamento del cibo con una dose di radiazioni ionizzanti sufficiente per ridurre il livello di agenti patogeni non sporulati, inclusi i parassiti, a un livello non rilevabile.

- Radapertizzazione: trattamento del cibo con una dose di radiazioni sufficiente per ridurre il livello di microrganismi a livello di sterilità.

I metodi a microonde non sono metodi termici ?

Le microonde sono radiazioni non ionizzanti con un potere di penetrazione superiore alla radiazione infrarossa. L'energia delle microonde viene convertita in <u>calore</u> dall'essere assorbita dalla materia. Pertanto, sono considerati i trattamenti a microonde si considerano trattamenti termici, poiché il cibo raggiunge temperature elevate.

Negli alimenti, l'acqua è un componente importante, una molecola dipolo con una distribuzione disomogenea di cariche elettriche e una certa quantità di sali ionizzanti con cui il campo elettrico può interagire. Quando il cibo è soggetto ad un campo elettrico oscillante ad alta frequenza, i dipoli si riorientano ad ogni cambio di polarità. Il <u>calore</u> è ottenuto per attrito tra le molecole d'acqua quando si riceve energia elettromagnetica in bande da 300 MHz a 300 GHz di frequenza. La maggior parte dei sistemi europei usano la frequenza di 2450 MHz e combinano gli effetti del riscaldamento convenzionale con le microonde per produrre un rapido aumento della temperatura e una distribuzione controllata della stessa per il prodotto.

Ci sono altri metodi non termici oltre a quelli esposti in questo problema ?

Sì, oltre alle alte pressioni, agli impulsi elettrici e alle irradiazioni, ci sono altri metodi non termici utilizzati per la conservazione degli alimenti.

Di seguito sono riportati alcuni di questi:

- Ultrasuoni: da solo non garantisce l'eliminazione dei microrganismi sporulati, quindi viene solitamente utilizzata insieme a trattamenti termici moderato o in combinazione con trattamenti a pressione.

- Campi magnetici oscillanti: produce la degradazione del DNA e delle membrane dei microrganismi. Può essere utilizzato in alimenti confezionati purché il il materiale non sia metallico.

- Impulsi luminosi ad alta intensità: impulsi di <u>luce</u> bianca di ampio spettro influenzano i microrganismi sulla superficie del cibo, e possono essere utilizzati anche in liquidi trasparenti e contenitori che lascino passare la <u>luce</u>.

- Plasma freddo: è adatto per il trattamento di materiali sensibili al <u>calore</u>.

Questa tecnologia consente tempi di trattamento brevi, essendo possibile ottenere più di 5 riduzioni logaritmiche nel numero di microrganismi patogeni e microrganismi esporulati.

RIDUZIONE DELL'ATTIVITÀ DELL'ACQUA. MENO ALTERAZIONE ?

È noto che la misura più semplice, per conoscere la quantità di acqua che esiste in un alimento è offerta dalla determinazione dell'umidità dello stesso, cioè la differenza di peso tra il cibo nel suo stato originale e dopo essere stato sottoposto ad un'asciugatura nel forno, fino a che si ottenga un peso costante.

Tuttavia, i dati offerti dall'umidità di un prodotto hanno un valore relativo, dal momento che non è un buon indicatore per prevederne la sua stabilità chimica o microbiologica. Per questo abbiamo a disposizione un parametro più appropriato chiamato attività dell'acqua.

In un modo semplice, l'attività dell'acqua potrebbe essere definita come la quantità di acqua che c'è in un alimento che è disponibile a reagire chimicamente con altre sostanze, o con essere usato dai microrganismi per il suo metabolismo.

Più precisamente, l'attività dell'acqua, che di solito è rappresentata dal simbolo aw, la definiremmo come la relazione tra la tensione di vapore dell'acqua in un alimento (p) e la pressione di vapore di acqua pura (po), alla stessa temperatura, e il suo valore varia tra 0 e 1, essendo 1 il valore dell'attività dell'acqua di acqua pura.

Per un cibo, e ad una certa temperatura, possiamo anche stabilire una relazione grafica tra i diversi valori di umidità del cibo nell'equilibrio e la sua attività dell'acqua, che determina le cosiddette isoterme di assorbimento d'acqua, che possono essere differenti se lo stiamo calcolando in una isoterma di assorbimento di acqua (ad esempio, quella che si otterrebbe aggiungendo acqua a un cibo disidratato) o un'isoterma di desorbimento di acqua (che si osserverebbe quando si rimuove l'acqua da un alimento soggetto a un processo di essiccazione).

Le curve di assorbimento e desorbimento non sono sovrapponibili, il che significa che i fenomeni che vincono o perdono acqua non sono reversibili in un alimento. Questa mancata corrispondenza nelle isoterme è chiamata isteresi.

Il vantaggio offerto dal calcolo delle isoterme per un determinato alimento è che, una volta ottenuta, possiamo sostituire la misura dell'attività dell'acqua determinando la umidità del prodotto, che richiede un'attrezzatura meno costosa e più versatile.

La determinazione dell'attività dell'acqua nel cibo è molto utile quando si tratta di determinare il rischio microbiologico che corre lo stesso, poiché il suo valore dipende dal tipo di microrganismi che possono svilupparsi nell'alimento, così come se questi microrganismi siano in grado di svolgere alcune importanti attività metaboliche, come la germinazione delle loro spore o la produzione di tossine.

Sebbene le reazioni chimiche ed enzimatiche possono verificarsi in una serie di attività di acqua molto ampia, l'intervallo in cui può esserci un rischio di tipo microbiologico è tra i valori da 0,60 a 1,0. Qualsiasi cibo con un'attività di acqua inferiore a 0,60, può avere problemi nella sua conservazione a causa di fenomeni di tipo chimico, ma mai di origine microbica.

D'altra parte, entro questo intervallo, il valore dell'attività dell'acqua andrà a condizionare, e molto, il tipo di microrganismi che possono svilupparsi con più facilità. Quindi, come regola generale, si può presumere che negli alimenti ad alta attività idrica, cioè tra 0,90 e 1,0 (come la maggior parte degli alimenti freschi), il problema microbico sarà causato principalmente da batteri, tra i quali si possono trovare pericolosi agenti patogeni.

Quando l'attività dell'acqua diminuisce nell'alimento, il microbio predominante inizia a essere di lieviti, la cui attività minima di acqua per la crescita è di solito 0,88. Finalmente, le muffe sono solitamente i microrganismi che sono in grado di crescere negli alimenti con attività di acqua più bassa), dal momento che molti di loro possono arrivare a crescere in alimenti con valori fino a 0,80.

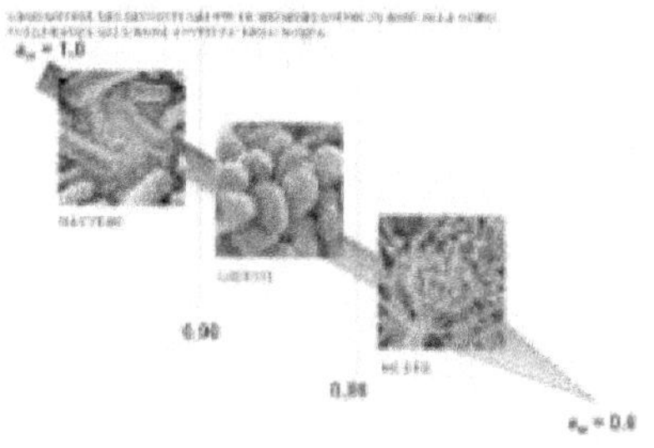

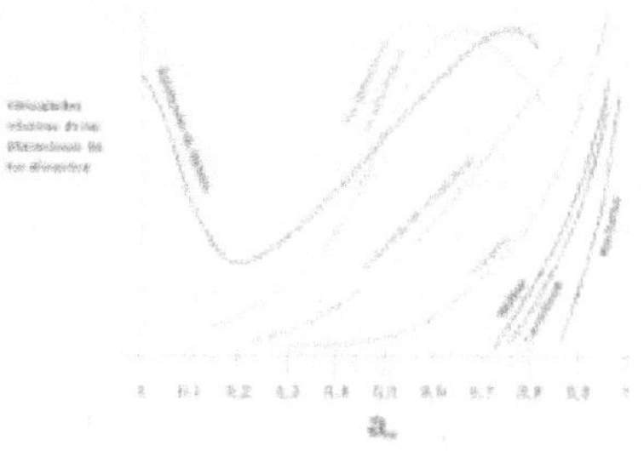

All'interno di questi tre gruppi di microrganismi (batteri, lieviti e muffe) ci sono anche alcune specie specifiche che sono particolarmente in grado di crescere negli alimenti con attività dell'acqua molto bassa, come i batteri alofili, che sono in grado di resistere a elevate quantità di sale nell'ambiente che li circonda, potendo crescere anche dentro alimenti con attività di acqua fino a 0,75. D'altra parte, lieviti osmofili e le muffe xerofile, possono svilupparsi in alimenti ad alta concentrazione di soluti, come lo zucchero, e crescere fino a valori di attività dell'acqua, tanto bassi, come a 0,61, anche se lo fanno molto lentamente.

Una menzione speciale merita il batterio patogeno Staphylococcus aureus, la cui presenza negli alimenti è relativamente frequente dovuta alla contaminazione dello stesso da parte dei manipolatori di cibo che portano questo batterio nelle loro mani o nel loro tratto respiratorio superiore. Va notato che questo batterio è in grado di crescere con un'attività dell'acqua così bassa, come 0.86, un valore per il quale normalmente non si prevede lo sviluppo di batteri patogeni.

L'attività dell'acqua è un parametro fondamentale per comprendere la stabilità microbiologica e chimica di un alimento. La conoscenza empirica che riducendo la quantità di acqua che ha un cibo, può influenzare in modo decisivo la sua durata, è qualcosa che è si conosce fin dagli inizi della conservazione del cibo, quando si sviluppavano i primi cibi essiccati al sole.

Se classifichiamo gli alimenti in base al valore della loro attività di acqua, avremmo le seguenti categorie:

- Cibo deperibile: quelli con un'attività idrica superiore a 0,90. Corrisponde alla maggior parte dei cibi freschi.

- Alimenti con umidità intermedia: quelli con un'attività idrica tra 0,60 e 0.90. Questi alimenti, in generale, possono essere conservati a temperatura ambiente e, nonostante questo, presentano una sufficiente stabilità microbiologica da non richiedere alcun trattamento termico, di raffreddamento aggiuntivo, anche se a volte sono combinati con una diminuzione in pH del cibo o con l'aggiunta di conservanti, principalmente contro muffe e lieviti.

Tuttavia, tenendo conto della possibile crescita di stafilococchi a valori anche di 0,86, si ritiene che gli alimenti con un'attività idrica superiore a 0,85 siano pericolosi dal punto di vista microbiologico.

- Cibo stabilizzato: quelli con un'attività idrica inferiore a 0,60.

Al momento di diminuire l'attività idrica di un alimento possiamo farlo usando due diverse strategie: rimuovere fisicamente l'acqua dal cibo o facendo che questa non sia disponibile.

Nel primo caso parleremmo di cibi secchi o disidratati, liofilizzati, evaporati o concentrati, in cui l'eliminazione dell'acqua può essere quasi totale, o semplicemente provare a ridurla in una certa proporzione, mentre nel secondo caso, includiamo tutti quegli alimenti in cui l'attività idrica discende per la aggiunta di soluti, come sale o zucchero.

Il cibo essiccato è inteso come quello in cui viene estratta l'acqua contenuta nel cibo, realizzata mediante una forma naturale e incontrollata (come, ad esempio, dalla sua esposizione al sole), mentre si parla di cibo disidratato quando si è usato l'azione termica generata artificialmente. Nell'industria alimentare, la necessità di garantire

la ripetibilità del processo di essiccazione e mantenendo costante la qualità dei prodotti ottenuti, rende la disidratazione la tecnica più utilizzata.

L'essiccatore è il luogo in cui avviene l'essiccazione del cibo, e le tecniche che sono usate per questo sono molto diverse, ci sono essiccatori per il riscaldamento diretto e indiretto.

Nel caso di essiccatori a riscaldamento diretto si ottiene il trasferimento di <u>calore</u> per contatto tra cibo umido e aria calda. Di questo tipo sono gli essiccatori di vassoi, letti fluidi, tunnel e essiccatori rotanti. Nel caso di cibi liquidi, si può eseguire l'essiccazione per atomizzazione, spruzzando sul cibo un flusso di aria calda.

Esquema atomizador

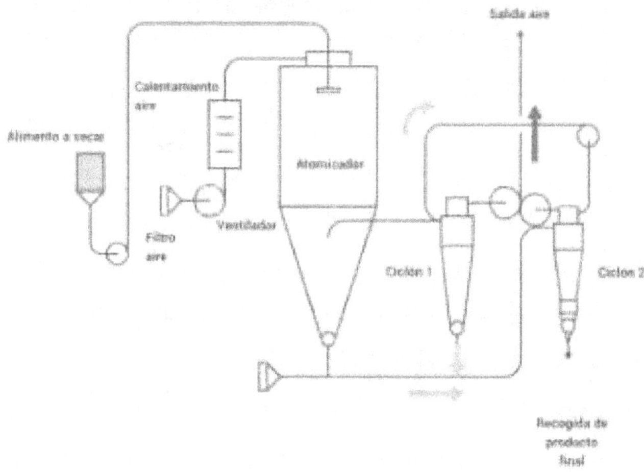

Nel caso degli essiccatori mediante riscaldamento indiretto, il <u>calore</u> viene trasferito al cibo per contatto con una superficie calda, come accade, ad esempio, negli essiccatori a tamburo rotativo.

Il liofilizzatore è un altro tipo di essiccatore indiretto in cui l'acqua, in precedenza congelata, viene eliminata dal cibo per sublimazione. È necessario iniziare da un alimento precedentemente congelato e lavorare in condizioni di vuoto.

Un altro modo per eliminare l'acqua dal cibo è la disidratazione osmotica, che consiste nell'immergere il cibo in una soluzione concentrata di zuccheri (come il saccarosio o lattosio) o sali (come il cloruro di sodio). Con questa tecnica c'è un movimento d'acqua dal cibo verso la soluzione ipertonica, che può anche trascinare alcuni componenti sciolti del cibo, e l'impregnazione del cibo con i soluti che provengono dalla soluzione. Dopo il trattamento, al cibo può essere rimossa una parte dell'acqua che ancora contiene, mediante centrifugazione o utilizzando un tipo di essiccatore discusso prima.

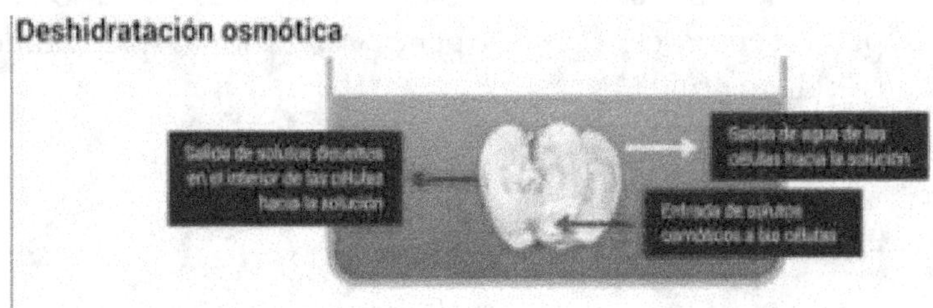

D'altra parte, ci sono alimenti nei quali l'attività dell'acqua è ridotta mediante l'aggiunta di soluti, come ad esempio con pesce salato e marmellate.

Nel caso del pesce salato, la quantità di sale necessaria per trasportare l'attività idrica di acqua dell'alimento nell'area sicura, può essere eccessiva se il cibo ha solo il salato come unica barriera per prevenire lo sviluppo microbico. Questo è il caso, ad esempio, della salatura di pesce, come il merluzzo/baccalà salato. In questo tipo di prodotti dobbiamo prestare particolare attenzione con lo sviluppo di microrganismi alofili o xerotolleranti.

Da parte sua, l'aggiunta di zucchero è utilizzata principalmente nella preparazione di marmellate, gelatine e dolci. L'aggiunta di zucchero, insieme alla presenza di determinati composti del frutto come la pectina, produce la consistenza del gel che costituisce la consistenza tipica

di marmellate e gelatine. Tuttavia, ai livelli di attività idriche finali che rimangono nelle marmellate, possono ancora essere date allo sviluppo di muffe e lieviti più osmofili. Per questo, se si desidera conservare il prodotto, è necessario disporre di un aspiratore nel confezionamento

sottovuoto, o l'uso di fungi statici, come benzoato o sorbato, che impediscono lo sviluppo fungino.

Cosa distingue il concetto di umidità dall'attività dell'acqua ?

L'umidità indica la quantità di acqua che esiste in un alimento, e in genere si calcola pesando il cibo prima e dopo essere stato essiccato fino a quando raggiunge un peso costante, mentre l'attività dell'acqua ci mostra la quantità d'acqua contenuta ancora nell' alimento, disponibile a reagire chimicamente con altre sostanze, o essere utilizzato dai microrganismi per il loro metabolismo, ottenendo così un migliore indicatore per capire il significato biologico di quell'acqua.

Ad esempio, nonostante il fatto che la gelatina sia per lo più composta da acqua, la sua attività idrica è solo 0,65 aw poiché le molecole d'acqua non sono disponibili, essendo intrappolate nella struttura del gel di questo tipo di cibo, rendendolo micro biologicamente molto stabile.

Qual è il vantaggio pratico del calcolo delle isoterme dell'assorbimento di acqua rispetto al calcolo dell'attività dell'acqua ?

Come regola generale, quando un'azienda produce sempre lo stesso tipo di prodotti, utilizzando gli stessi ingredienti nella stessa proporzione, il calcolo può essere sostituito il calcolo rutinario dell'attività dell'acqua con quello dell'attività dell'umidità, se si è calcolato in precedenza l'isoterma di assorbimento di acqua di quel prodotto, che riguarda entrambi i

parametri. Il vantaggio è che lo strumento necessario per il calcolo della

attività idrica, oltre a presentare un costo piuttosto elevato, serve solo a

misurare quel parametro, mentre ciò che è necessario per il calcolo dell'umidità (fornello e bilancia) sono due strumenti più versatili, i quali possono avere le più svariate applicazioni nel settore.

Quali fenomeni si verificano nell'attività dell'acqua in alimenti multicomponente ?

Prodotti multicomponenti, come torte alla crema, gelati posti tra i wafer o tra le barrette di cereali, presentano una situazione speciale.

L'acqua si muove tra i componenti fino a quando le loro attività idriche, si eguagliano. A volte questo può causare cambiamenti strutturali nel cibo, reazioni chimiche o problemi di tipo microbiologici. La misura dell'attività dell'acqua di ogni componente è l'unico strumento che può prevedere come si muoverà l'umidità. Un mix di ingredienti puoi dirci il valore dell'attività dell'acqua in cui i componenti saranno in equilibrio, potendolo fissare come obiettivo per ogni ingrediente.

Com'è possibile che ci siano microrganismi che possono moltiplicarsi in attività idriche leggermente superiori a 0,60 ?

I microrganismi che possono crescere a basse attività idriche sono di solito accumulare nei loro citoplasma soluti compatibili, cioè sostanze che una volta immagazzinate nel citoplasma, servono a regolare la loro attività idrica e ad equalizzarla con quella del suo intorno, evitando così i fenomeni di plasmo lisi cellulare, contrastando lo stress osmotico. Questi soluti non dovrebbero inibire il metabolismo cellulare, essendo in grado di essere sintetizzato dal proprio microrganismo stesso (zuccheri, polialcol, amminoacidi, ecc.) o prelevati dall'esterno e accumulati attivamente (glicina-betaina, potassio, ecc.).

Esiste un'attività idrica ottimale per un microrganismo ?

No, c'è un'attività idrica ottimale per ogni attività metabolica compiuta da un microrganismo. Così, in relazione alla attività idrica, esistono tre valori cardinali principali: il minimo, l'ottimo, il massimo. Quindi, per esempio, in relazione alla crescita di un microrganismo, ci sarà un valore minimo dell'attività dell'acqua che può essere dato, lentamente, all'inizio della sua moltiplicazione, un valore ottimale al quale il microrganismo si svilupperà alla velocità più alta, e un valore massimo dal quale non può più realizzare la sua crescita.

I valori minimi, ottimali e massimi non devono coincidere in altri aspetti fondamentali per la vita del microrganismo, come la germinazione delle spore, o la produzione di tossine. Questo potrebbe spiegare, che sebbene si osservi una crescita di una muffa in un alimento di umidità intermedia, questo non può produrre in esso nessuna tossina, poiché i valori minimi di attività di acqua per la crescita e per la sintesi di tossine, non sono uguali, essendo superiori, di solito, nel secondo caso.

Gli alimenti con un'attività idrica inferiore a 0,60 sono esenti da alterazioni ?

No, anche se sotto 0.60 non può esserci alterazione di tipo microbiologico, esiste tutta una serie di reazioni enzimatiche e chimiche che possono verificarsi a queste basse attività idriche e che possono finire per alterare il cibo. Pertanto, ad esempio, al di sotto di 0,60 può continuare ad esserci reazioni come degradazione della vitamina, ossidazioni lipidiche, reazioni di brunitura non enzimatiche, reazioni di Maillard, reazioni enzimatiche, che possono portare alla alterazione delle proprietà organolettiche del prodotto (per esempio, dalla comparsa di sapori rancidi) che lo rendono inaccettabile per il consumatore.

IL CONTROLLO DEL PH E GLI ALIMENTI FERMENTATI.

Il pH influenza le reazioni biochimiche e per questo motivo la sua variazione ha un grande impatto sulla crescita e sulla sopravvivenza microbica, così come nella velocità delle reazioni non enzimatiche che alterano gli alimenti.

La maggior parte dei microrganismi alteranti e patogeni sono neutrofili, cioè hanno il loro PH ottimale di crescita intorno a 5,5-8. Tuttavia, i microrganismi possono crescere in un ampio intervallo di pH intorno al suo optimum, dal momento che sono in grado di mantenere il pH intracellulare. Tuttavia, a fronte di un drastico calo del pH, due aspetti importanti sono interessanti:

- la membrana cellulare e il trasporto di soluti.

- la stabilità e l'attività degli enzimi microbici.

Inoltre, sappiamo che diversi gruppi microbici hanno intervalli di pH ottimo di crescita. Pertanto, i batteri, in generale, crescono in modo ottimale intorno alla neutralità, tra 6,5 e 7,5, mentre ci sono gruppi batterici specializzati, come i batteri dell'acido lattico, che hanno il loro ottimo a 5,5-6,5, o batteri acetici a 5,4-6,3. Da parte loro, lieviti e muffe supportano un pH tanto basso, a partire da 1,5-3, anche se crescono in modo ottimale a pH più alti, tra 5-6,5 per i lieviti e tra 4,5-6,8 per le muffe.

Il pH del cibo, nel frattempo, varia tra 2 e 7. Alimenti come le carni, pesce fresco, latte e uova hanno valori di pH intorno alla neutralità, tra 5,5 e 7,5, e quindi possono favorire la crescita di batteri sia alteranti che patogeni.

Le verdure, da parte loro, così come gli ortaggi e i cereali, hanno un pH da 7, come il mais, passando attraverso i valori tra 5 e 6, dove si trovano la maggior parte, fino a pH 4,5 che possono avere i pomodori come ortaggi marcatamente acidi. Sono alimenti che subiscono alterazioni da batteri e lieviti, anche se quelli più acidi possono essere alterati da muffe che, anche se crescono più lentamente, in assenza di competizione per i batteri, possono essere predominanti.

Lo stesso accade nel caso della frutta che, a causa del loro basso pH, subiscono alterazioni causate principalmente per muffe, come nel caso degli agrumi.

Sono definiti alimenti acidi, quelli il cui PH di forma naturale è minore di 4,6.

Quindi, per allargare la vita utile degli alimenti, ci interessa la strategia di conservazione, ossia la riduzione del pH degli stessi, poiché una maggiore acidità ci consente di ridurre l'incidenza di batteri in essi.

Se riduciamo artificialmente il pH di un alimento, a un livello inferiore a 4.6, avremo un cibo acidificato. Un alimento con un pH minore di 4,6 non consente la crescita del patogeno batterico Clostridium botulinum, e richiede trattamenti termici meno rigorosi per garantire la sua vita utile, come, in generale, sarà sufficiente pastorizzarlo.

Inoltre, bassi livelli di pH rallentano le reazioni di doratura tanto enzimatiche come anche non enzimatiche.

Ci sono diverse opzioni, ma le due principali strategie per manipolare il pH degli alimenti si concentrano su:

Aggiunta esogena di acidi:

- sottaceti: verdure.

- pesce in salamoia: pesce e molluschi marini, carne (specialmente pollo).

Produzione endogena di acidi:

- alimenti fermentati: latte fermentato, verdure fermentate, prodotti a base di carne stagionata/maturata.

I sottaceti sono definiti come frutta o verdura che prendono il sapore dall'aceto e si mantengono molto tempo grazie a esso.

Gli alimenti in salamoia più comuni sono:

verdure come cetriolini, carote, cavolfiori, capperi, cavoli bianchi, peperoncini, i quali, una volta decapati, vengono anche chiamati varianti. In questo caso abbiamo raggiunto livelli di acido del 4-6%,

che è equivalente a un pH inferiore a 4.6. Inoltre, viene aggiunto il sale, che consente una certa disidratazione del prodotto, e solitamente è confezionato ermeticamente caldo per garantire un certo

livello di inattivazione microbica ed enzimatica. Il prodotto finito ha alcune caratteristiche proprietà organolettiche differenti del prodotto fresco, dal momento che sapore e consistenza sono diversi.

D'altra parte, il escabeche è una salsa o adobo che è fatta con olio fritto, vino o aceto, foglie d'alloro e altri ingredienti, per conservare e rendere gustosi i pesci e altri cibi. È una forma di conservazione simile al decapaggio, ma si utilizza per cibo proteico come sardine, cozze, tonno. In questo caso il cibo è di solito precotto prima della sua immersione nel sottaceto, e successivamente si effettuerà un trattamento termico

del prodotto confezionato.

Si raggiungono valori di pH di circa 4,3.

L'olio protegge da ossidazioni e, come nel caso dei sottaceti, il sale agisce disidratando, dando origine a un prodotto significativamente diverso dall'originale

Ma, cosa succede se otteniamo che sia il cibo stesso che genera acido al suo interno, si estenderà la sua vita utile ?

Avremo quindi un cibo fermentato, ma chi sono gli alleati microscopici che lo permettono ?

I cibi fermentati sono quelli nella cui lavorazione, vengono utilizzati microrganismi di lavorazione come batteri, lieviti o muffe che, una volta cresciuti sul cibo, gli danno caratteristiche desiderabili.

Quindi, la fermentazione è un processo di conservazione, effettuato con

l'intervento di microrganismi, utili in questo caso. Si basa sulla trasformazione degli zuccheri delle materie prime, in condizioni di assenza o bassa quantità di ossigeno, dando come risultato un prodotto più stabile e gradevole, molto diverso dalle caratteristiche del prodotto originale.

I microrganismi che fermentano il cibo possono essere nella materia prima, nella carne per fare salsicce fermentate, nelle verdure che saranno fermentate, ecc. Per crescere, i microrganismi hanno a loro disposizione nella materia prima di origine, idrati di carbonio, proteine, grassi, minerali e altri nutrienti minori, ma per prima cosa attaccheranno gli idrati di carbonio, poi le proteine e infine i grassi.

I batteri dell'acido lattico sono i principali microrganismi utilizzati per

bio conservazione e fermentazione del cibo. Questi batteri metabolizzano gli zuccheri semplici del cibo e li convertono in acido lattico, che sarà il responsabile della caduta del pH nell'alimento.

Avremo quindi una fermentazione lattica.

Quindi, del latte con pH 6,6-6,8, vicino alla neutralità, otteniamo yogurt con pH tra 4 e 5, da olive di pH 6-6,5,   olive fermentate con un pH inferiore a 4,3 e la carne, che ha un pH di 5,5-6,5, si producono le salsicce fermentate con un pH tra 5 e 6.

I batteri dell'acido lattico utilizzati negli alimenti includono specie di Lactobacillus, Streptococco, Pediococco e Lattococco. Questi microrganismi, oltre a produce acido lattico, producono altri acidi organici, anche antimicrobici come l'acido acetico e propionico, e anche etanolo, diossido di carbonio e perossido di idrogeno. Infine,

e, cosa più importante, producono batterio cine, come la nisina, che sono peptidi antimicrobici di riconosciuta efficacia nel controllo dei patogeni batterici.

La fermentazione lattica del cibo, non solo consente di conservarli, ma anche consente lo sviluppo di consistenza e aromi desiderabili, miglioramento nutrizionale, miglioramento della digeribilità, oltre ad aprire ampie possibilità di innovazione in nuovi prodotti, attraverso l'uso di nuove colture.

Ma allora, cosa sono i coltivo iniziatori ?

Come abbiamo già visto, le fermentazioni alimentari possono verificarsi spontaneamente, dall'azione dei microrganismi benefici presenti nelle materie prime. Tuttavia, con l'obiettivo di avere processi di fermentazione meglio condotti e più riproducibili e, di conseguenza, alimenti fermentati di qualità più omogenea, la industria alimentare aggiunge coltivi microbici, che iniziano i processi di fermentazione: questi sono le colture iniziatrici. Quindi, colture iniziatrici sono quei microrganismi utilizzati nella trasformazione di alimenti, aggiunti in modo intenzionale, per indurre cambiamenti diversi nelle loro proprietà, come la modifica della consistenza, la conservazione, lo sviluppo degli aromi o il miglioramento nutrizionale, attraverso attività metaboliche specifiche del microrganismo in questione.

Anche il vino e la birra sono alimenti fermentati, tuttavia ad essi non viene somministrata una fermentazione lattica, ma alcolica, cioè i microrganismi della fermentazione usano gli zuccheri dell'uva o del malto e da loro producono etanolo e diossido di carbonio. In questo caso, l'etanolo è quello che presenta le proprietà antimicrobiche, ma non provoca una significativa diminuzione del pH. Il vino sarà micro biologicamente stabile per il pH basso, tra 3 e 4, determinato dall'uva, e il grado alcolico può variare tra 10-14°. La birra è stabile dalla combinazione di un pH basso, tra 3,8 e 4,6, il grado alcolico intorno a 4-8°, e il diossido di carbonio, oltre ad aver sofferto precedenti trattamenti termici che ne riducono il contenuto microbico. In questo caso, sono responsabili le specie Saccaromiceti, un lievito, che è responsabile della fermentazione alcolica.

Le misurazioni di acidità e pH sono equivalenti ?

L'acidità negli alimenti è fondamentalmente derivata da acidi organici e inorganici in essi contenuta. Tuttavia, il fattore di importanza nella crescita dei microrganismi è il pH e non l'acidità. L'acidità è associata a idrogenioni presenti (H+) determinati dalla titolazione, mentre il pH è determinato per la concentrazione di legami idrogenioni dissociati.

Gli acidi degli alimenti (citrico, lattico, tartarico, malico) sono deboli e parzialmente dissociati, quindi, contribuiscono all'acidità, ma influiscono poco sul pH.

Alla stessa quantità di acido aggiunto o generato endogenamente, si ottiene sempre lo stesso effetto ?

Il pH del cibo non dipende solamente dalla quantità di sostanze acide e basica che esso contiene, ma anche della capacità tampone del prodotto, che è solitamente associata alla concentrazione delle proteine, per questo motivo, in frutta e verdura l'aggiunta di sostanze acide, di origine fermentativa o meno, produce importanti variazioni di pH, grazie alla sua bassa capacità tampone.

Gli alimenti di diverso PH hanno diversi alteranti ?

Gli alimenti il cui pH è basso (valori inferiori a 4,5) non sono facilmente alterabili dai batteri, essendo gli stessi più sensibili alle alterazioni da lieviti e muffe.

Le verdure fermentate possono essere presentate anche come sottaceti ?

Sì, anche se i vegetali fermentati devono la loro stabilità alla presenza di acido lattico, si può aggiungere anche aceto, per la conservazione finale.

Gli ortaggi in salamoia sono stabili micro biologicamente per la semplice presenza di aceto ?

Possono essere, inoltre, bisogna tener conto che se sono stati fermentati in precedenza, contengono anche sale. Tuttavia, a livello industriale, viene utilizzato molto frequentemente il metodo di pastorizzazione del prodotto per ottenere la durata desiderata. Occorre ricordare, che il PH basso, rende più termosensibili i microrganismi.

Il livello di PH è raggiunto dopo una fermentazione è sufficiente a garantire la stabilità microbiologica di yogurt, olive e salsiccia ?

Nel caso dello yogurt (pH 4-5), dobbiamo ricordare che lo conserveremo in refrigerazione, e quindi abbiamo un agente in più . Nel caso di olive (pH 4-4,3), la presenza di sale e condizioni anaerobiche favorirà la conservazione. Infine, la salsiccia (pH 5-6), oltre a contenere un 2-6% di sale, viene sottoposto a un processo di disidratazione nell'essiccatore. Così, si combinano diversi fattori che limitano la crescita microbica per ottenere la durata vita desiderata. Amplieremo la conoscenza a questo proposito più avanti.

Cosa dovrebbe soddisfare una buona coltura iniziatrice ?

I microrganismi utili per il processo di fermentazione devono presentare tre caratteristiche speciali::

- Devono essere in grado di svilupparsi rapidamente in un substrato

e ambiente adeguati, ed essere facilmente coltivati in grandi quantità.

- Devono avere la capacità di mantenere la costanza fisiologica nelle condizioni citate, e facilmente e abbondantemente produrre gli enzimi essenziali in modo che possano ottenere i cambiamenti chimici desiderati.

- Condizioni ambientali richieste per il massimo sviluppo e produzione dovrebbero essere comparativamente semplici.

Perché ci sono persone intolleranti al lattosio che, d'altra parte, tollerano latte fermentato, come lo yogurt ?

Le colture microbiche utilizzate come iniziatrici metabolizzano parte del lattosio del latte utilizzato, inoltre, a livello intestinale, detta azione continua in conseguenza degli enzimi rilasciati a seguito della lisi da una parte e dei microrganismi dello yogurt.

ALTRE ALTERNATIVE: GLI ADDITIVI CHIMICI.

L'uso di composti chimici per la conservazione di cibo è vecchio quasi quanto l'umanità stessa. Tecniche come l'aggiunta di cloruro di sodio, erano già usati nell'antichità, e la sua importanza è stata riflessa nella lingua in termini come "salario", poiché nell'antica Roma, a volte, il il pagamento per un lavoro, era costituito da pacchetti di sale, essenziale per la conservazione del cibo, e che in seguito furono usati come valuta di scambio.

Gli additivi alimentari sono sostanze o una miscela di sostanze che vengono aggiunte intenzionalmente e in piccole quantità al cibo, al momento della sua fabbricazione, trasformazione, trattamento, preparazione, imballaggio, trasporto o stoccaggio, al fine di modificare le proprietà di essi, come ad esempio il loro aspetto, gusto, consistenza o conservazione per molto tempo.

Le principali funzioni degli additivi alimentari sono:

- Contribuire alla sicurezza e salubrità del cibo.

- Garantire la sua conservazione.

- Rendere possibile la disponibilità di cibo fuori stagione.

- Mantenere il valore nutrizionale.

- Promuovere l'accettazione del consumatore.

- Facilitare la preparazione del cibo.

- Dare omogeneità al prodotto.

Per rispondere a queste funzioni e tenendo conto che in alcuni casi questi composti possono eseguire più di una funzione alla volta, gli additivi possono essere classificati nei seguenti gruppi:

- Sostanze che modificano le caratteristiche organolettiche del cibo, come i coloranti, acidificanti, dolcificanti e esaltatori di sapidità.

- Sostanze che impediscono le alterazioni di natura chimica o biologica, come i conservanti e antiossidanti.

- Sostanze che stabilizzano l'aspetto e le caratteristiche fisiche del cibo, entro le quali troviamo antiagglomeranti, antischiuma, emulsionanti, addensanti, stabilizzatori e umettanti.

- Sostanze che modificano la consistenza del cibo, come gli amidi modificati, indurenti, gassificatori, agenti gelificanti e Sali.

- Altri tipi di additivi come enzimi, correttori di acidità, gas di imballaggio e gas propellenti e agenti di carica, rivestimento e trattamento di farine.

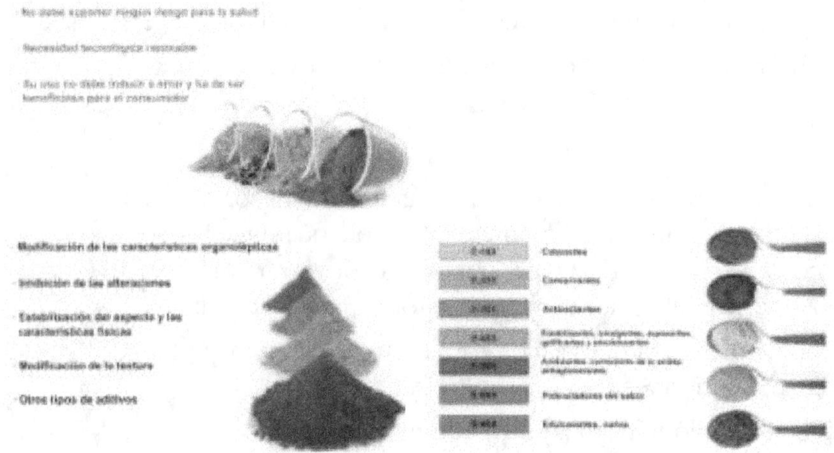

Il fatto che gli additivi diventino componenti del cibo li converte in ingredienti dello stesso e, pertanto, la loro presenza deve essere indicata sulla sua etichetta.

Per la loro identificazione, nell'Unione Europea sono stati designati con una lettera, la "E", seguita da 3 o 4 cifre, diverse per ogni additivo. Nella numerazione "E", la prima cifra indica la categoria a cui appartiene l'additivo, la seconda cifra si riferisce alla famiglia dell'additivo

(per esempio, nel caso di coloranti indica il colore e nel caso di antiossidanti il gruppo chimico a cui appartiene), e il resto delle cifre si riferiscono alle specie specifiche e servono a identificare la sostanza.

Gli additivi con un numero E assegnato hanno superato i controlli di sicurezza e tossicità, e pertanto, il loro uso è stato approvato nell'Unione Europea, stabilendo anche gli alimenti nei quali possono essere utilizzati e le dosi massime consentite. Solo gli additivi inclusi nella lista Comunitaria degli additivi, possono essere utilizzati nei prodotti alimentari.

Nella valutazione di un additivo per la sua autorizzazione, sono presi in considerazione tutti i dati disponibili sulle caratteristiche tossicologiche, compresi i risultati delle prove su animali. Per fare ciò, viene determinato il livello massimo che non ha effetti tossici dimostrabili, cioè il "livello senza alcun effetto avverso osservato" (noto con il suo acronimo in inglese come NOAEL). Come ulteriore precauzione, NOAEL è diviso per 100 per tenere in considerazione le differenze che possono esistere tra gli animali e gli esseri umani e le variazioni tra gli individui.

D'altra parte, per ogni additivo viene calcolata anche la "dose giornaliera accettabile" (IDA), che è la quantità di un additivo alimentare che può essere consumato quotidianamente senza che rappresenti un rischio per la salute. Tuttavia, la raccomandazione sempre è che gli additivi di aggiungano al cibo, ai livelli più bassi, compatibili con gli scopi tecnologici ai quali sono destinati e dei benefici per il consumatore.

In ogni caso, può essere autorizzato un solo additivo alimentare il cui uso soddisfi le seguenti condizioni:

- Non deve presentare alcun rischio per la salute dei consumatori, sempre che si utilizzi nelle quantità permesse.

- Deve esserci un ragionevole bisogno tecnologico per usarlo, bisogno che non possa essere coperto con altri mezzi.

- Il suo uso non deve indurre in errori e deve essere benefico per il

consumatore.

Dal punto di vista della sicurezza alimentare, gli additivi più importanti sono i conservanti, poiché sono composti il cui scopo è limitare, ritardare o prevenire proliferazione di microrganismi che sono presenti nel cibo o che possono accedere a essi, impedendo loro di deteriorarsi o diventare tossici. I conservanti sono sostanze chimiche, naturali o sintetici, che aggiunti intenzionalmente sono in grado di prevenire la crescita e lo sviluppo di microrganismi. Sono particolarmente utili per conservare cibi con attività di acqua alta, o conservati a temperature superiori a quelle di refrigerazione, e sono solitamente usati in combinazione con altri sistemi di conservazione.

Un conservante chimico ideale dovrebbe soddisfare le seguenti caratteristiche:

- Presentare una attività antimicrobica ad alto spettro.

- Non essere tossico né per le persone né per gli animali.

- Non influenzare il sapore, l'aroma o la palatibilità originale del cibo.

- Poter essere utilizzato in molti alimenti diversi senza essere inattivato da componenti del cibo, o da una qualsiasi delle altre tecniche di conservazione applicate ad esso.

- Non stimolare la comparsa di microrganismi resistenti.

- Mantenere preferibilmente una attività micro biocida, più di microbio statica.

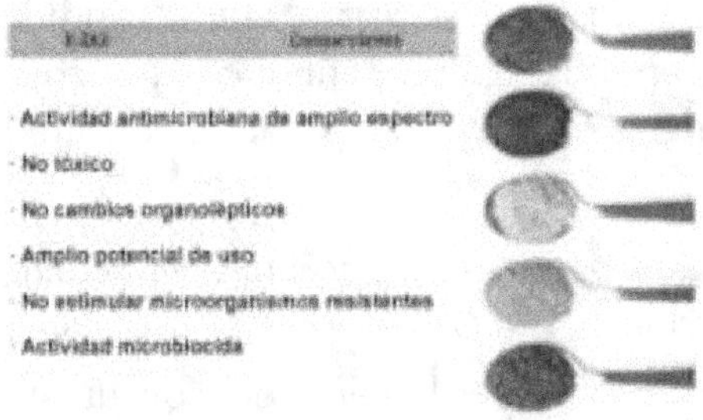

Come ci si aspetterebbe, al momento non esiste nessun conservante sul mercato che soddisfi allo stesso tempo tutti questi requisiti, ed è per questo che si rende necessaria l'esistenza di una variegata panoplia di questo tipo di composti, i cui gruppi principali vedremo in seguito.

Il sodio cloruro e saccarosio, oppure sale e zucchero, oltre ad essere usati per il loro effetto aromatico, sono anche considerati conservanti, e come tali, in questo caso, è più antico conosciuto.

La sua attività risiede, soprattutto, nell'effetto che hanno diminuendo l'attività idrica del prodotto al quale è aggiunto, e, nel caso del sale, lo ione cloro presenta, anche, un'attività intrinseca microbicida.

Questi due composti non sono inclusi nella classificazione di additivi alimentari, considerati ingredienti basici degli alimenti.

Per quanto riguarda gli altri conservanti, attualmente tutti i conservanti autorizzati nell'Unione europea rientrano nella famiglia degli additivi del gruppo E-200, ad eccezione della lisozima, che è il conservante E-1105.

Raggruppati per famiglie, i conservanti autorizzati sono:

- Gli acidi sorbici, benzoici, propionici, acidi borici e alcuni dei loro sali.

- Il diossido di zolfo, solfiti e metabisolfiti.
- I <u>nitrati</u> e <u>nitriti</u>.
- La natamicina.
- La tetra mina di esametileno.
- Il dicarbonato dimetilico.
- La nisina.
- La lisozima.

Commenteremo, in seguito, i più importanti.

Gli acidi sorbico, benzoico e propionico, così come i loro sali, sono composti per essere impiegati principalmente per la loro attività antifungina. Inoltre hanno un effetto acidificante che aiuta a mantenere lontano il pH di ottimo per la maggior parte dei batteri che alterano il cibo.

In generale, questi composti sono più efficaci negli alimenti acidi, sebbene alcuni dei loro derivati, come gli esteri dell'acido para-idrossi-benzoico e i suoi derivati sodici, generalmente indicati come parabeni, sono attivi in alimenti con un pH neutro.

Il diossido di zolfo è uno dei più antichi conservanti conosciuti. Nella Roma classica, si otteneva già, bruciando zolfo, e veniva usato per la disinfezione nelle cantine.

E' particolarmente efficace in ambiente acido, inibendo batteri e muffe e, in misura minore, lieviti.

Durante la <u>cottura</u> o la lavorazione industriale del cibo, si perde in parte per evaporazione o dalla combinazione con altri componenti.

Diossido di zolfo, solfiti e metabisolfiti sono ampiamente utilizzati per la conservazione di frutta disidratata, succhi d'uva, mosti e vini, come per sidro e aceto. Inoltre, i solfiti agiscono come antiossidanti, inibendo specialmente le reazioni oscuranti prodotte da alcuni enzimi nelle verdure, crostacei, succhi e birre.

I <u>nitrati</u> e i <u>nitriti</u>, da soli o come parte dei sali di polimerizzazione, vengono utilizzati come conservanti nella lavorazione di carni, come prosciutto cotto e wurstel, per garantire la sicurezza dei prodotti e inibire la crescita del patogeno di Clostridium botulinum, responsabile del botulismo. Sono anche usati per la loro azione su alcune proprietà organolettiche della carne, in particolare su gusto e colore.

Il prosciutto cotto, trattato con sali curativi, sviluppa un caratteristico colore rosa dovuto alla formazione di un pigmento, chiamato nitrosomiocromogeno, frutto della reazione della mioglobina della carne con il nitrito e l'applicazione del <u>calore</u>.

La natamicina, nota anche come pimaricina, è un antimicotico usato principalmente per trattare la superficie del formaggio, inibendo lo sviluppo di muffe nella sua corteccia durante i lunghi processi di maturazione di esso.

La nisina è una batteriocina di tipo proteico prodotta da diversi ceppi di Lactococcus, che agisce principalmente contro i batteri Gram-positivi, come lo sono altri batteri acido lattico e rappresentanti dei generi Bacillus, Clostridium, Listeria e Streptococco.

L'uso della nisina è consentito, ad esempio, nel formaggio fuso, maturato o stagionato.

La nisina ingerita, viene rapidamente distrutta durante la digestione e i suoi amminoacidi costituenti, si metabolizzano insieme a quelli di altre proteine.

Il lisozima è un enzima che si trova naturalmente nella chiara dell'uovo, da dove si estrae per uso industriale. È una proteina di piccole dimensioni, stabile in mezzi relativamente acidi, e moderatamente resistenti al <u>calore</u>. Funziona degradando la parete cellulare dei batteri, essendo particolarmente attivo contro i batteri Gram-positivi. È principalmente usato per controllo dei batteri dell'acido lattico nel vino e nella birra, nonché nei prodotti a base di carne e formaggi.

Sebbene al momento, principalmente a causa della pressione dei consumatori, la tendenza prevalente è quella di ridurre l'uso di conservanti chimici, fino ad oggi sono un aiuto efficace per prolungare la durata di conservazione del cibo e fornire la giusta sicurezza alimentare, in quanto il suo uso è ancora considerato dall'industria, come uno strumento prezioso.

Come è garantita la sicurezza degli additivi alimentari il cui uso è stato approvato ?

L'Autorità Europea per la Sicurezza Alimentare (EFSA) è responsabile della valutazione della sicurezza degli additivi alimentari. Per questo, il produttore o un potenziale utente dell'additivo presenta una domanda di autorizzazione che deve essere comprendere la identificazione chimica dell'additivo, il suo processo di fabbricazione, i metodi di analisi

utilizzati, la reazione e gli effetti della sostanza in questione sui prodotti alimentari, la necessità del suo impiego, gli usi proposti e, in una forma molto importante, i dati tossicologici, che devono includere informazioni sul metabolismo della sostanza, sulla tossicità (cronica e sub cronica), sulla carcinogenicità, genotossicità, tossicità per la riproduzione e lo sviluppo di persone e, se necessario, includere altri studi.

Con questi dati, si risolve l'autorizzazione dell'additivo e viene determinata la sua assunzione giornaliera ammissibile (DGA).

Cosa succede se una persona supera occasionalmente la DGA di un additivo ?

Se occasionalmente l'assunzione giornaliera supera la DGA, non c'è motivo di preoccuparsi, perché il fattore di sicurezza applicato durante il calcolo ha un ampio margine, e in pratica un consumo superiore alla DGA per un solo giorno è compensato con un consumo abituale inferiore. Tuttavia, se ci fossero dati che segnalino che il consumo di un determinato additivo supera spesso la DGA in determinati settori della popolazione, si dovrà quindi considerare la possibilità di ridurre i livelli ammissibili dell'additivo negli alimenti o di limitare la gamma di alimenti in cui questo è permesso.

L'uso di coloranti alimentari può essere fuorviante per i consumatori ?

L'uso di colori alimentari è considerato accettabile se il suo scopo è quello di restituire l'aspetto originale a un alimento (il cui colore è stato

influenzato dalla lavorazione, stoccaggio, imballaggio o distribuzione),
dare un aspetto migliore al cibo, o, fornire colore a un cibo che, per sua
natura, sarebbe incolore.

D'altra parte, l'uso di colori alimentari non dovrebbe fuorviare od
indurre in errore i consumatori. Ad esempio, l'uso di un colorante non
deve dare l'impressione che l'alimento contenga un ingrediente che non
è mai stato aggiunto.

Gli additivi possono essere utilizzati in tutti gli alimenti ?

In alcuni alimenti l'uso di additivi è molto limitato. In prodotti senza
trasformazioni come latte, frutta e verdura fresca, carne fresca e acqua,
sono ammessi solo alcuni additivi. D'altra parte, più si trasforma un
prodotto, più additivi sono autorizzati. I prodotti di confetteria, snack
salati, le bevande aromatizzate e i dolci sono alcuni dei prodotti che
rientrano all'interno di questa categoria di alimenti altamente trasformati,
per i quali è consentito l'impiego di molti additivi.

Tuttavia, attualmente la tendenza generale dell'industria alimentare,
guidata dalla domanda dei consumatori, è quello di eliminare l'uso
di additivi o, se del caso, di usare la dose più bassa possibile.

In che modo il consumatore conosce gli additivi aggiunti all'alimento ?

Gli additivi presenti nei prodotti alimentari devono apparire sull'etichetta
del prodotto, nella sua lista degli ingredienti. Nell'Unione europea, gli
additivi si chiamano con il nome della loro classe funzionale, seguita
dalla loro denominazione specifica o numero E. Ad esempio, "colorante:
tartrazina" o "colorante: E-102".

Questo numero E può essere utilizzato per semplificare l'etichettatura
delle sostanze che, a volte, hanno nomi chimici complessi o molto
lunghi, come ad esempio "propanodiol esteri di acidi grassi"
corrispondente a E-477.

Gli additivi possono causare allergie o intolleranze alimentari ?

Sebbene sia stato dimostrato che gli additivi alimentari raramente
causano vere reazioni allergiche, ci sono alcuni casi segnalati di additivi

alimentari che sono stati associati a reazioni avverse. Quindi, tra i coloranti, occasionalmente sono state date reazioni a tartrazina (E-102) e acido carminico (E-120) in persone sensibili. Allo stesso modo, l'uso di solfiti (da E-220 a E-228) ha dimostrato che nelle persone sensibili (come gli asmatici) può causare problemi respiratori.

D'altra parte, è stato incolpato il glutammato monosodico (E-621), utilizzato come esaltatore di sapidità, di essere la causa di numerosi effetti collaterali, tra cui mal di testa e sensazione di formicolio nel corpo, ma studi scientifici non hanno dimostrato in modo definitivo la relazione tra questo additivo e quelle reazioni sfavorevoli.

Allo stesso modo, il dolcificante aspartame (E-951) è stato incolpato di provocare diversi effetti avversi, nessuno dei quali è stato dimostrato completamente da studi scientifici.

Sebbene gli additivi alimentari in generale non pongano alcun problema per il la maggior parte delle persone, non può mai essere escluso che un piccolo numero di persone, con certe allergie, possa essere sensibile a certi additivi, ma prima di arrivare alle generalizzazioni, deve essere effettuato un controllo basato sull'evidenza scientifica.

CONTROLLARE LA CRESCITA: REFRIGERAZIONE E CONGELAZIONE.

La refrigerazione è un metodo di conservazione fisica che consiste nella conservazione dei prodotti a basse temperature, ma sopra la sua temperatura di congelamento.

In generale, la refrigerazione è compresa tra -1° C e 8° C. In questo modo, il valore nutrizionale e le caratteristiche organolettiche, quasi non si differenziano da quelle dei prodotti prima della refrigerazione.

Cosa otteniamo con la refrigerazione ?

La refrigerazione è una tecnologia che impedisce o ritarda i cambiamenti microbici e biochimici negli alimenti. Non li evita al 100%, perché anche a temperature prossime al punto di congelamento, questi cambiamenti possono verificarsi. È il perfetto alleato di altri delicati processi di conservazione, come la cottura, la pastorizzazione, fermentazione o modifica della composizione gassosa.

La refrigerazione impedisce la crescita di microrganismi termofili, che crescono a temperature superiori a 40° C e la maggior parte dei mesofilli che crescono a temperature tra 5 e 47° C, come Escherichia coli, Salmonella o Staphylococcus aureus, patogeni per i quali è evidente che una cattiva gestione della catena del freddo può significare il passaggio da non crescere a crescere. I microrganismi psicofobi e psicotrofici possono crescere fino a -5 ° C, quindi la refrigerazione consente loro di crescere, ma a tassi non molto elevati. Esempi di questo tipo di microrganismi sono: Pseudomonas, Acinetobacter, Listeria, Yersinia, Bacillus cereus o Alcaligenes.

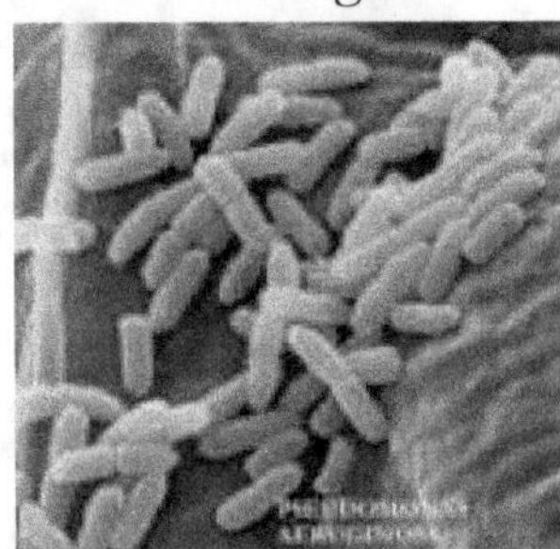
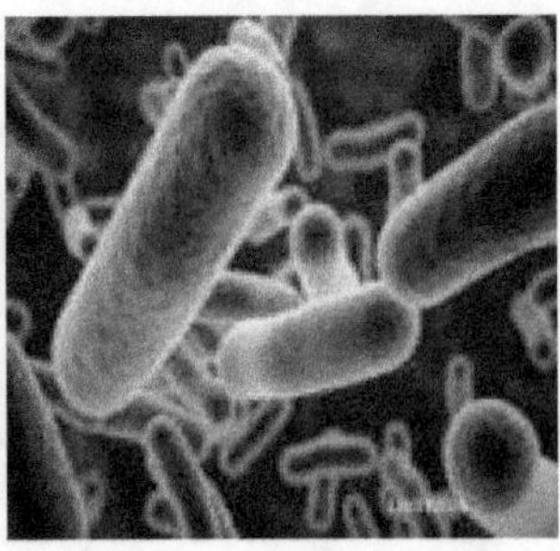

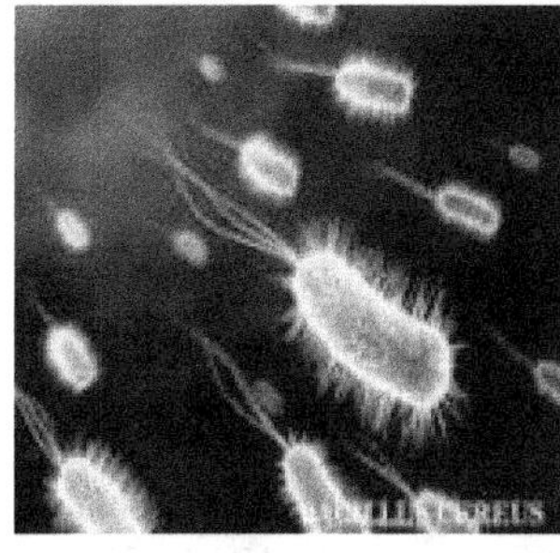
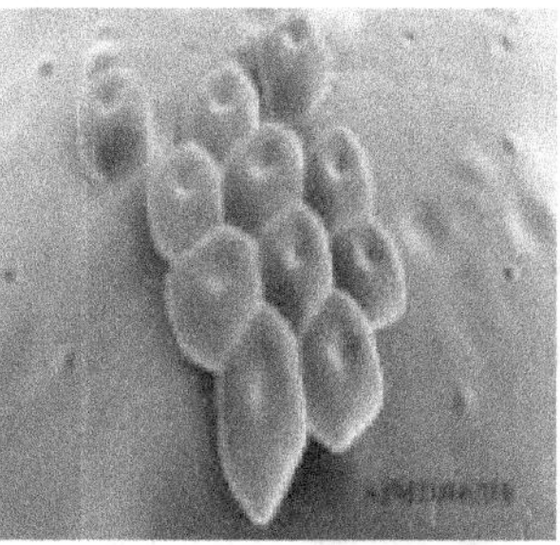
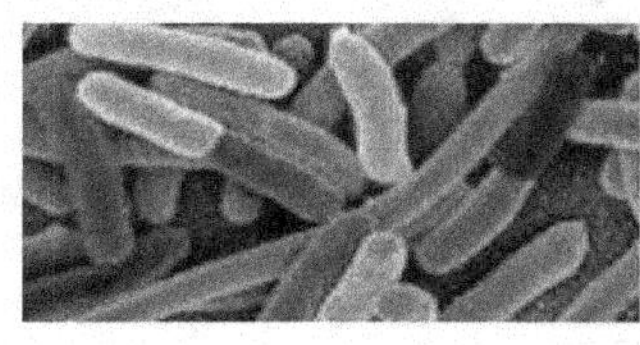

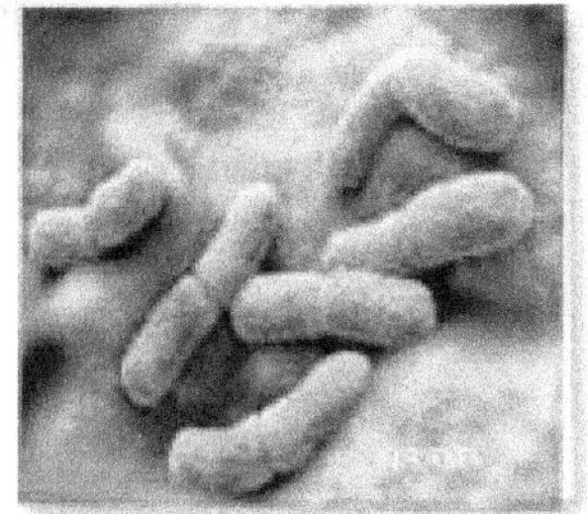

Escherichia Coli al microscopio elettronico.

Poiché la refrigerazione non è una forma di inattivazione microbica, è fondamentale dividere le materie prime di qualità e massimizzare le buone pratiche di igiene, specialmente in quegli alimenti a bassa acidità che non subiscono alcun trattamento di inattivazione durante la lavorazione.

È anche fondamentale evitare di rompere la catena del freddo durante la lavorazione e distribuzione; il trattamento non corretto della temperatura, nella gestione del cibo è il principale fattore di causa delle malattie.

Come abbiamo già detto, il raffreddamento ritarda anche un gran numero di reazioni chimiche ed enzimatiche e fenomeni fisiologici, come la maturazione e la respirazione di frutta e verdura, reazioni di ossidazione e doratura.

Quando è utile la refrigerazione ?
In primo luogo, può essere utilizzata durante lo stoccaggio e

trasporto, di grandi quantità di materie prime, come frutta, verdura,
carne, ecc.

L'attività metabolica in frutta e verdura fresca continua dopo il raccolto.
Se conservato a bassa temperatura, la respirazione è ridotta e
l'invecchiamento è ritardato, mentre diminuisce la proliferazione
microbica. Inoltre, frutta e verdura fresche perdono umidità
in traspirazione, quindi per ridurla al minimo, vengono refrigerati ad alta
umidità relativa.
È importante prevenire i danni da freddo quando usiamo questa
tecnologia. In combinazione con atmosfere controllate, si ottiene una
vita più lunga.

L'obiettivo fondamentale del raffreddamento delle carni è prevenire la
crescita microbica e quindi mantenere la qualità igienico-sanitaria del
cibo. Ma anche, gli effetti del raffreddamento sul metabolismo post-
mortem del muscolo hanno una grande influenza sulla qualità finale del
prodotto. È stato scritto che il minor grado di rigidità muscolare
si verifica quando il rigor mortis avviene a temperature comprese tra 15-
20 ° C, pur mantenendo queste temperature la carne può presentare
problemi, principalmente legati ai pericoli microbiologica. Una soluzione
è il raffreddamento progressivo in diverse fasi, così da sottoporre per un
certo tempo a una temperatura intermedia (10-15° C) fino alla
instaurazione del rigor morti, per poi maturare le carni fino a 4° C. La
durezza della carne va diminuendo con il progredire del tempo di
maturazione, fino a raggiungere il punto ottimale di qualità per il
consumo.

In linea di principio, il pesce fresco è il cibo che durerà meno tempo in
frigorifero, qualcosa di logico se consideriamo che naturalmente vive in
acqua più o meno fredda, e ha microrganismi ed enzimi adattati alle
basse temperature, oltre a ciò il pesce presenta un valore di pH superiore
alla carne.

Nel settore lattiero-caseario, mantenendo il latte a basse temperature
durante la produzione serve a garantire la sicurezza microbica e ridurre le
alterazioni. L'impiego di temperature di refrigerazione sono importanti

nelle diverse fasi del processo di preparazione di tutti i prodotti lattiero-
casearii e durante il periodo di commercializzazione dei prodotti con

pastorizzazione precedente di latte, come il latte pastorizzato, latte
fermentato, yogurt, creme, burro e alcuni tipi di formaggi.

Nei prodotti minimamente lavorati, la refrigerazione è essenziale, dal
momento che essendo vegetali che hanno subito processi di
inattivazione microbica molto lieve e, quindi, è necessario tenere a bada i
microrganismi presenti, solitamente in combinazione con atmosfere
modificate.

Infine, la refrigerazione è la base dei pasti pronti refrigerati,
preparazioni culinarie presentate confezionate, conservate a temperatura
di refrigerazione e pronte per il consumo, direttamente, o dopo il
riscaldamento o un trattamento addizionale. In questo caso la cottura
riduce significativamente il carico batterico, perché la refrigerazione
consentirà di aumentare la vita commerciale di questi alimenti, ancor più
se il piatto preparato è confezionato e sottoposto a pastorizzazione
prima della commercializzazione.

Il congelamento consiste nell'applicazione di temperature agli alimenti al
di sotto di zero gradi centigradi, in modo che parte dell'acqua del cibo si
trasformi in ghiaccio.
Allo stesso tempo, mentre l'acqua si solidifica, i soluti si concentrano
nell'acqua non congelata e produce una diminuzione dell'attività
dell'acqua, che contribuirà in modo significativo a una migliore
conservazione.

La temperatura di stoccaggio in congelamento abituale è di -18°C, poiché
di seguito si stima che la proliferazione dei batteri non sia possibile,
quindi diminuendo la possibilità di alterazione e riduzione dei rischi per
la salute. Inoltre, quando si congela, si ritardano i cambiamenti fisici e
chimici che causano il deterioramento del cibo.

Va notato che, dopo la refrigerazione, il congelamento è il trattamento
che produce meno cambiamenti nel cibo, a patto che si realizzi il

congelamento e lo stoccaggio nel modo corretto. Il congelamento praticamente non causa il deterioramento dal punto di vista nutritivo.

Il congelamento è una tecnologia che, nonostante non abbia inattivato la popolazione microbica, è in grado essa stessa di ottenere alimenti con una lunga durata, senza necessità di utilizzare tecnologie complementari.

Nel cibo, l'acqua libera è sotto forma di gel sia all'interno delle cellule come negli spazi intercellulari. Il congelamento dei tessuti è iniziato dalla cristallizzazione dell'acqua negli spazi extracellulari, poiché la concentrazione dei soluti è minore che negli spazi intracellulari, in modo che venga data una presa   d'acqua intracellulare per compensare la differenza di pressione osmotica. Questo processo è solo parzialmente invertito durante lo scongelamento dando luogo alla alla formazione dell'essudato.

La qualità dei cibi surgelati è influenzata dalla velocità con cui si verifica il congelamento. Quindi, più velocemente si verifica il congelamento, migliore qualità si otterrà nel prodotto.

Quando il congelamento è lento, la cristallizzazione extracellulare aumenta la concentrazione locale di soluti, che causa, per osmosi, la disidratazione progressiva delle cellule. In questa situazione, si formeranno grandi cristalli di ghiaccio, aumentando gli spazi extracellulari, mentre le cellule plasmolizzate diminuiscono significativamente il loro volume.

Questo spostamento dell'acqua e l'azione meccanica dei cristalli di ghiaccio sulle pareti cellulari causano modificazioni nella consistenza e danno luogo alla apparizione dell'essudato durante lo scongelamento. Quando il congelamento è rapido, la cristallizzazione avviene quasi contemporaneamente negli spazi extracellulari e intracellulari. Lo spostamento dell'acqua è piccolo, producendo un gran numero di piccoli cristalli. Per tutti questi motivi, le condizioni sul prodotto sarà notevolmente minore rispetto al congelamento lento.

Il trasferimento di <u>calore</u> dal cibo al mezzo di congelamento e, quindi, la velocità di congelamento dipende da:
- Conduttività termica del cibo.

- Area del cibo esposto allo scambio.

- La distanza che il <u>calore</u> deve attraversare.

- La differenza di temperatura tra il cibo e il mezzo di congelamento.

- L'effetto isolante dello strato di aria che circonda il cibo.

Qualsiasi apparecchiatura di congelamento, deve essere progettata per rispondere a tutte e tre le fasi del processo termico di congelamento:

- Pre-congelamento: tempo dal quale il prodotto è alla sua temperatura originale fino all'inizio della cristallizzazione dell'acqua.

- Congelamento: dall'inizio della cristallizzazione al congelamento completo, si può raggiungere -30°C.

- Riduzione alla temperatura di conservazione, che di solito è -18°C.

TAPPE DEL PROCESSO DI CONGELAZIONE.

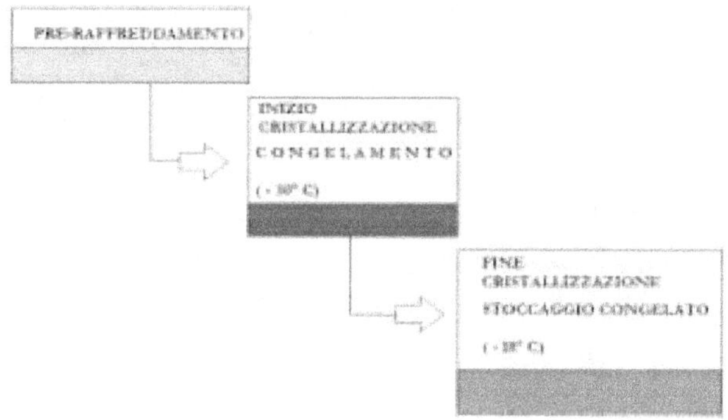

Tipi di congelatori:

- Congelatori lenti: lavorano per convezione, molto usati nei magazzini di prodotti congelati, in essi l'aria fredda rimane statica.

- Gallerie d'aria forzata: l'aria viene spinta attraverso la camera di congelamento.

- Congelatori a piastre: lavorano per conduzione, mediante il contatto del prodotto con le piastre che contengono liquido refrigerante.

- Letto fluidizzato: l'aria passa verticalmente attraverso un flusso di piccole dimensioni, sul cibo non confezionato, come frutta e verdura, in movimento.

- Congelatori ultraveloci: congelatori criogenici, immergendo il cibo in un fluido criogenico, come azoto o anidride carbonica

Anche se lieve, il processo di congelamento causa alcuni cambiamenti nel cibo, dal momento che l'aumento della concentrazione di soluto causa variazioni di viscosità, nel pH, nel potenziale redox, e nella tensione superficiale del liquido non congelato. Inoltre, il congelamento da corrente d'aria produce l'essiccazione di cibi surgelati, se non sono protetti.

Questi cambiamenti si riducono di molto nel congelamento rapido.

Più tardi, nello stoccaggio congelato, i cambiamenti chimici e biochimici sono lenti. Tra questi cambiamenti avremo:

- degradazione del pigmento.

- perdite vitaminiche.

- ossidazione lipidica.

D'altra parte, può verificarsi la ricristallizzazione del ghiaccio, un fenomeno che causa la crescita dei cristalli più grandi a scapito di quelli più piccoli, e produce, principalmente, come conseguenza, delle fluttuazioni della temperatura di stoccaggio.

Infine, lo scongelamento controllato viene solitamente effettuato a una temperatura leggermente elevata superiore al punto di scongelamento, ad esempio alla temperatura di refrigerazione. In questo modo, risulta minima la crescita microbica, la perdita di liquido, le perdite dovute a disidratazione e le perdite dovute a reazioni di deterioramento.

C'è una grande varietà di cibi surgelati sul mercato. Frutta e verdure, in molti casi hanno sostituito il consumo fresco. In generale, le verdure richiedono uno sbiancamento precedente, che consente di stabilizzare il colore, ridurre le perdite di vitamine e migliorare la consistenza. Anche così, durante lo stoccaggio le verdure possono sperimentare cambiamenti irreversibili della consistenza.

Per quanto riguarda i pesci, i pesci interi eviscerati resistono meglio al congelamento che non i pesci in filetti.

 In questo caso, l'ossidazione dei lipidi nella maggior parte delle specie più grasse, è il problema più grande, che può essere minimizzato dal confezionamento sottovuoto del prodotto da congelare.

Durante lo stoccaggio congelato, possono verificarsi cambiamenti indesiderati, di colore, per ossidazione, denaturazione delle proteine.

Infine, la consistenza, il sapore e l'odore del pesce congelato, sono diversi rispetto al pesce fresco.

Nella carne, il congelamento e la successiva conservazione congelata producono cambiamenti nel struttura e colore, oltre all'inevitabile essudato che si verifica durante lo scongelamento. Le tecnologie di confezionamento, previo congelamento, possono minimizzare parzialmente il suddetto deterioramento.

L'applicazione del congelamento ha permesso l'ampia diffusione dell'impasto del pane crudo congelato. Durante il congelamento si verificano danni al glutine e al lievito, che causare pani di volume inferiore e consistenza peggiore. Questi inconvenienti sono stati minimizzati con l'uso di più lievito, l'uso di agenti ossidanti e altri ingredienti.

Altri prodotti derivanti dalla tecnologia di congelamento, che evitano tali problemi, sono i prodotti precotti surgelati o la massa preformata fermentata.

Infine, anche l'industria dei piatti pronti ha approfittato di questa tecnologia, offrendo pizze, snack, primi piatti, riso, creme e una miriade di altre possibilità.

Qual è la differenza tra microrganismi psicrofili e psicotropi ?
Esistono più definizioni, ma potremmo dire che, in generale, i microrganismi psicrofili sono quelli che crescono tra 0 e 20°C, con un

optimum tra 10 e 15°C. I microrganismi psicotropi sono in grado di crescere tra 0 e 7°C, formando colonie vitali in 7-10 giorni, ma la cui crescita ottimale può essere simile ai mesofilli. I microrganismi che alterano il cibo in refrigerazione è psicotropica.

In che misura influisce sul fatto che il display refrigerato di un negozio è 2 o 4°C, essendo entrambe le temperature considerate raffreddamento ?

L'industria alimentare calcola la durata di conservazione del cibo che produce, assumendo alcune determinate condizioni di conservazione che compaiono sull'etichettatura; del rispetto di queste condizioni dipende la qualità e la sicurezza del prodotto in questione. Ora, è normale eseguire il calcolo della vita utile assumendo condizioni

sfavorevoli di refrigerazione durante la distribuzione, per cui il

la sicurezza del prodotto sarebbe garantita sia a 2 come a 4 ° C, anche se la vita utile reale dello stesso sarebbe superiore a 2°C.

Perché c'è così tanta enfasi sulla prevenzione della rottura della catena del freddo in frigorifero ?

Come accennato, i microrganismi mesofili, e in particolare specie

patogeni importanti, come la Salmonella e l'Escherichia coli hanno il loro minimo di crescita a livello di temperature di refrigerazione, in modo che la loro crescita di solito non si verifica in refrigerazione, o si verifica pochissimo. Tuttavia, il minimo aumento della temperatura suppone la generalizzazione della sua crescita, e quindi innesca l'aumentato di rischio di infezioni e tossinfezioni.

Qual è il preraffreddamento delle verdure ?

Il preraffreddamento è la rapida rimozione del <u>calore</u> dal campo di frutta e verdura raccolto di recente prima della spedizione allo stoccaggio o alla lavorazione. Il rapido pre-raffreddato, inibisce o ritarda la crescita dei microrganismi, riduce l'attività enzimatica e respiratoria e riduce la perdita di umidità. Quindi, il pre-raffreddato appropriato riduce le perdite, e ritarda la perdita di freschezza e di qualità pre-raccolta.

Perché è importante controllare la respirazione di frutta e verdura ?

Frutta fresca e verdura hanno bisogno di respirare per ottenere l'energia sufficiente per sostenere la vita. Respirano assorbendo ossigeno dall'atmosfera e rilasciando anidride carbonica. Durante la respirazione la produzione di energia deriva dall'ossidazione delle proprie riserve di amido, zuccheri e altri metaboliti. Una volta raccolto, il prodotto non può sostituire queste riserve, che si perdono, e la velocità con la quale diminuiscono sarà un fattore di grande importanza nella durata della vita post-raccolta del prodotto. Il respiro è necessario per ottenere energia, ma parte di quell'energia produce <u>calore</u>, ch deve essere dissipato in qualche modo, l'importanza della dissipazione del <u>calore</u> del prodotto fresco risiede nel fatto che la respirazione consiste in una serie di reazioni catalizzate da enzimi, la cui velocità aumenta aumentando la temperatura. Di conseguenza, una volta che il prodotto inizia a riscaldarsi, viene stimolata ulteriormente la respirazione e il riscaldamento e diventa così molto difficile controllare la temperatura del prodotto.

Cosa si intende per danno da freddo nella frutta conservata in frigorifero ?

Il danno da freddo si verifica a bassa temperatura ma sopra a quella di congelamento di detto prodotto. Lo sviluppo del danno da freddo dipende dalla temperatura e dal tempo di esposizione. I sintomi del danno da freddo variano in base al prodotto, ma spesso include lo scolorimento della superficie, tagli sulla superficie, aree bagnate dall'acqua, mancanza di capacità di maturare nel frutto, e l'aumento di avvizzimento, tra gli altri. Un esempio di frutta sensibile è il platano. A volte i sintomi non appaiono o non sono così gravi fino a quando il prodotto non è stato ritirato dal magazzino a bassa temperatura.

Cosa si intende per "maturazione" della carne ?

Il processo noto come "maturazione" della carne, comprende una serie di cambiamenti biochimici e strutturali che stanno trasformando l'architettura muscolare e le caratteristiche della carne. Questi cambiamenti si devono principalmente alle prestazioni degli enzimi proteolitici, che partecipano alla scomposizione delle proteine strutturali del tessuto muscolare e quindi producono un ammorbidimento della carne noto come "tenderizzazione", così come le prestazioni di determinati processi ossidanti, che inducono la comparsa di sostanze che causano l'aroma caratteristico della carne.

Congelare è una tecnica di inattivazione microbica ?

No. Esiste una certa confusione in questo senso, dal momento che il congelamento è stato proposto come un metodo efficace per l'inattivazione del parassita Anisiakis. La maggior parte di microrganismi, tuttavia, resistono al congelamento e quindi rimarranno vitali una volta che il cibo è stato scongelato.

È possibile congelare industrialmente in un congelatore a -18°C ?

Le camere di congelamento a -18 ° C sono essenzialmente attrezzature per lo stoccaggio congelato, non per il processo di congelamento. Per ottenere prodotti di qualità, il congelamento dovrebbe essere effettuato a temperature più basse e in apparecchiature che assicurino una buona trasmissione del <u>calore</u>, garantendo un'alta velocità di congelamento.

Cosa succede se la catena del freddo si rompe per un cibo congelato ?

Se durante la durata di conservazione di un alimento congelato, questo si scongela e si ritorni a congelarlo, il risultato sarà sempre indesiderabile, ma si possono gestire diverse situazioni. Se il prodotto si scongela e si ritorna a congelarlo entro un breve lasso di tempo, e senza superare la temperatura di raffreddamento, avremo fondamentalmente

un problema di qualità, dal momento che durante lo sbrinamento si sono perse certe caratteristiche, come consistenza, gusto e colore. Al contrario, se lo sbrinamento è generalizzato e le temperature raggiunte sono maggiori, in aggiunta a quanto sopra, si attiveranno i processi di decomposizione del cibo, e i microrganismi che sono sopravvissuti alle basse temperature, possono proliferare, mettendo a rischio la nostra salute.

Gli effetti del congelamento rapido o lento sono gli stessi nelle cellule di verdure o animali, che nei microbi ?

In linea generale, la situazione è analoga, un congelamento lento genera cristalli di ghiaccio grandi che producono la disidratazione delle cellule microbiche, come per il resto. Pertanto, un congelamento lento potrebbe diminuire i microrganismi vitali nel cibo, ma darebbe anche un prodotto di qualità peggiore.

Ad esempio, il congelamento per la successiva distribuzione di lieviti o batteri utilizzati come colture starter vengono condotti a temperature molto basse, oppure vengono liofilizzati, per raggiungere un'elevata vitalità.

Cosa è lo sbiancamento o sbollentamento delle verdure ?

Sbiancare o sbollentare, è il primo passo nella conservazione delle verdure, prima di inscatolare, congelare o disidratare. Consiste in un'immersione breve in acqua calda o vapore (a 100°C) e raffreddamento rapido. Si ottiene l'inattivazione degli enzimi della materia prima, e quindi, principalmente, diminuiscono le reazioni di ossidazione.

Cos'è una cellula plasmolizzata ?

È una cellula che ha subito la plasmolisi. La plasmolisi è il fenomeno per il quale le cellule in un mezzo ipertonico perdono acqua e si deformano.

IL CONTENITORE: PROTEZIONE, VISIONE E ALTRO.

La carta dell'imballaggio è di vitale importanza per la corretta conservazione e distribuzione del cibo. La confezione ci permette l'accesso a cibo sicuro e di qualità ovunque noi ci troviamo.

Per questo motivo, ora parleremo delle funzioni, tipi di materiali e loro applicazioni.

Come consumatori, la nostra visione del packaging è spesso più negativa che positiva.

Spesso non siamo consapevoli dei loro benefici e li vediamo come un mero residuo, poiché generalmente rimangono invariati dopo aver consumato il loro contenuto.

In una forma primaria, i contenitori contengono cibo che consente il loro trasporto da un posto a un altro, dai centri di produzione sino al consumatore. E durante tutta questa strada, proteggono il cibo di fronte a qualsiasi causa di alterazione, sia fortuita che intenzionale.

Inoltre, i contenitori facilitano la manipolazione del cibo durante la sua produzione, stoccaggio e marketing. Sono suddivisi in porzioni facilmente consumabili e forniscono funzionalità che facilitano il loro consumo. Per tutti questi motivi, la confezione contribuisce al diminuire lo spreco di cibo, evitando di dover buttare grandi quantità di cibo.

I contenitori sono molto importanti per una corretta gestione della distribuzione di alimenti, dal momento che forniscono informazioni sugli alimenti che contengono a tutti gli agenti nella catena alimentare, e in particolare modo ai consumatori. La confezione ci permette di tracciare il percorso di un alimento dalla fattoria alla tavola. In questo modo, attraverso l'uso di diversi tipi di etichette e codici possiamo conoscere la natura, l'origine e la qualità delle materie prime di cui un prodotto è composto.

La confezione è anche un efficace strumento di marketing, che presenta e promuove i prodotti, e facilitarne l'identificazione tra le migliaia di alimenti che possono esserci in un negozio.

Un contenitore ben progettato migliora l'efficienza dei processi di produzione, stoccaggio e trasporto e, quindi, ci garantisce l'accesso al cibo ad un costo inferiore. È vero che l'uso indiscriminato degli imballaggi ha conseguenze ambientali, ma non usarli ne avrebbe comunque. È quindi necessario trovare un punto di equilibrio.

Attualmente sono in corso progressi nello sviluppo di nuovi materiali di imballaggio, prodotti in modo più sostenibile, così come il loro riciclaggio o eliminazione.

La corretta selezione del materiale di imballaggio è essenziale per preservare correttamente un alimento. Tra i materiali utilizzati ci sono il vetro, la carta e il cartone e alcuni metalli e materie plastiche. La confezione moderna spesso combina diversi materiali con il fine di sfruttare le sue diverse proprietà funzionali ed estetiche.

Di seguito riportiamo in dettaglio le caratteristiche più notevoli dei principali materiali impiegati nell'imballaggio alimentare:

- Il vetro è chimicamente inerte a contatto con qualsiasi tipo di cibo. E' impermeabile a gas e vapori, che gli consente di preservare la freschezza del cibo senza alterazioni nel sapore e aroma. È anche molto resistente al calore, resistente a trattamenti termici scveri ed è riutilizzabile e riciclabile. Tuttavia, il suo peso elevato aumenta i costi di produzione e trasporto e urti, pressioni interne o oscillazioni termiche possono romperlo con facilità.

- Carta e cartone sono usati sotto forma di borse, sacchetti, cartoni di latte e altri materiali da imballaggio. La carta non patinata non viene spesso utilizzata a causa della sua scarsa qualità di barriera e perché non può essere sigillata applicando calore. Invece, può essere trattato, spalmato, laminato o impregnato con sostanze diverse (cere, resine o smalti), che migliorano le sue proprietà. È una buona scelta per imballaggi di alimenti a basso contenuto di umidità come zucchero, farina o riso, tra gli altri. Il cartone composito in diversi strati è utilizzato principalmente come imballaggio grazie alla sua grande capacità di assorbire gli impatti.

- L'imballaggio in metallo è il più versatile per il confezionamento degli alimenti, fornendo una protezione eccellente, pur essendo in grado di essere riciclato. I due metalli più comunemente usati sono alluminio e acciaio.

L'alluminio è usato per formare lattine e film laminati. A differenza di altri metalli, è resistente alla corrosione, grazie alla naturale ossidazione della sua superficie. L'alluminio è impermeabile ai gas e all'umidità, protegge dalla <u>luce</u>, è flessibile e può essere modellato in più forme.

L'acciaio, di minor costo, appare in forme diverse, ma quello principale è in banda stagnata, che è in acciaio a basso tenore di carbonio rivestito con stagno. La latta è usata per imballare una moltitudine di prodotti in scatola. Tuttavia, è sensibile alla corrosione e, quindi, in alcune applicazioni alimentari devono essere rivestite con un rivestimento organico.

- Infine, i polimeri plastici, con una rilevanza crescente, presentano grandi vantaggi. Tra questi, la capacità di essere modellati in più strutture e forme. Sono materiali generalmente economici e leggeri. Il suo principale svantaggio è dato dalla mediocre proprietà di barriera nei confronti di gas, vapori e soluti. Ci sono diverse decine di materie plastiche applicabili agli imballaggi alimentari. La combinazione di questi materiali, da soli o in complessi laminati multistrato, consente lo sviluppo di imballaggi idonei alla conservazione della maggior parte dei prodotti alimentari.

Perché un materiale si possa utilizzare come contenitore per alimenti, deve essere garantire qualsiasi sostanza che possa ragionevolmente migrare al cibo nelle condizioni di uso normale, non raggiunga livelli dannosi per la salute. La legislazione in materia, controlla gli interessi dei consumatori, limitando entrambi i composti che possono essere utilizzati nella produzione di imballaggi alimentari, come la loro presenza nel cibo.

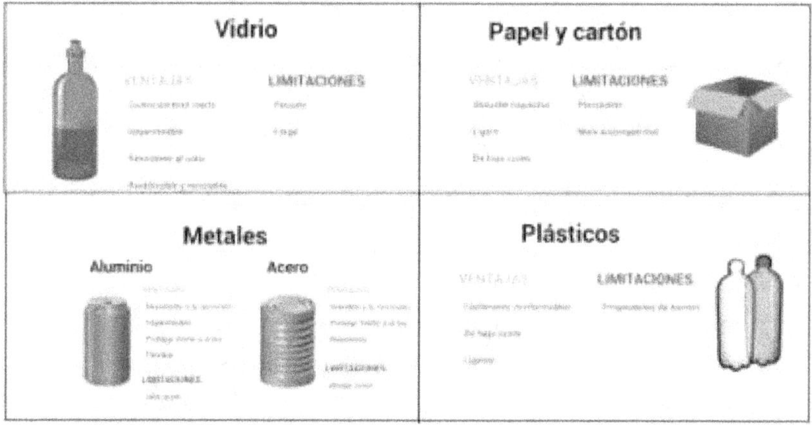

L'imballaggio è un aspetto molto importante nella produzione moderna alimentare. La sua scelta è fondamentale per garantire che il cibo raggiunga i consumatori nelle migliori condizioni, trasmettendo le informazioni necessarie per il suo consumo in modo sicuro e responsabile.

Il controllo delle condizioni ambientali in cui viene conservato il cibo, permette di preservarne la qualità e le proprietà più a lungo. La modifica dell'atmosfera dell'imballaggio, offre grandi vantaggi, ma è anche importante prendere alcune precauzioni.

La modifica dell'atmosfera di imballaggio può essere ottenuta in diversi modi. La più semplice è quella di togliere l'aria presente nello spazio superiore dei contenitori, generando un sottovuoto. Possiamo anche scegliere di sostituire l'aria con una miscela di gas al momento di imballare o, in alcuni casi, dopo di esso.

La confezione di solito comporta una limitazione delle concentrazioni di ossigeno all'interno dei contenitori. La presenza di ossigeno ha un ruolo determinante sulla stabilità di alimenti confezionati, dal momento che un gran numero di agenti che alterano il cibo hanno bisogno di ossigeno per agire.

Il termine <u>atmosfera modificata</u> è collegato all'<u>atmosfera controllata</u>, sebbene non siano coincidenti. Nel secondo caso, il concetto comprende una tecnologia per mezzo della quale certi prodotti, di solito frutta o verdura, sono conservati in camere per la conservazione refrigerate, nelle quali si produce una regolazione continua delle condizioni ambientali. Al contrario, nell'imballaggio in atmosfera modificata, non esiste una regolazione precisa dei gas di imballaggio. La sua concentrazione è soggetta a variazioni prodotte dall'attività respiratoria di microrganismi presenti, per le reazioni chimiche e biochimiche che si verificano nel cibo, così come dallo scambio di gas tra l'interno e l'esterno del contenitore.

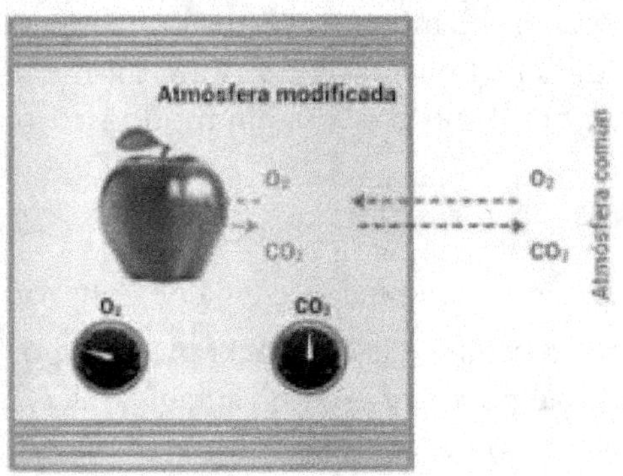

Da un punto di vista microbiologico, l'eliminazione dell'ossigeno inibisce la crescita della maggior parte dei microrganismi alteranti. Tuttavia, in condizioni di anossia, i microrganismi anaerobici, e tra questi un grande gruppo di patogeni alimentari, non trovano concorrenti che limitano il loro sviluppo nel cibo. Di conseguenza, per confezionare un alimento in condizioni di assenza di ossigeno per lunghi periodi e senza controllo rigoroso della temperatura, deve essere stato sottoposto a una decontaminazione preventiva, che garantisca l'assenza di agenti patogeni. Il contrario potrebbe comportare un grave rischio per la sicurezza alimentare.

La confezione consente inoltre di prevenire il deterioramento chimico e biochimico degli alimenti.

La limitazione della presenza di ossigeno nel contenitore porta ad una riduzione del potenziale di ossido, che si traduce in una migliore conservazione.

Allo stesso modo dei microrganismi, la presenza di ossigeno in un sistema di imballaggio, può avere conseguenze positive o negative sulla qualità organolettica di un alimento.

Vediamo alcuni esempi:

- Alcuni alimenti ricchi di grassi, specialmente quelli ricchi di grassi insaturi, diventano facilmente rancidi. L'eliminazione dell'ossigeno o la sua sostituzione con una un'atmosfera inerte, ad esempio, composta da azoto, consente di controllare lo sviluppo dei fenomeni di ossidazione dei grassi.

- L'ossidazione dei pigmenti della carne condiziona la colorazione degli stessi e, di conseguenza, la percezione dei consumatori sulla sua qualità. In alcuni casi, l'ossigeno è usato per mantenere il colore della carne rossa fresca, nonostante il fatto che questo gas causa la sua ossidazione e può favorire lo sviluppo di microrganismi alteranti.

- In frutta e verdura, l'ossidazione di alcuni pigmenti e composti antiossidanti, sono solitamente causati da enzimi e richiedono la presenza di ossigeno. Confezionare in condizioni di anossia, consente la conservazione di alimenti vegetali trasformati, per lunghi periodi di tempo. Tuttavia, frutta e verdura fresche richiedono la presenza di ossigeno per preservare le loro proprietà organolettiche e nutritive.

La scelta corretta di un sistema di imballaggio dipende da molteplici aspetti, tra i quali quello che evidenzia le caratteristiche del cibo, le condizioni durante la sua lavorazione, la distribuzione e commercializzazione, costi di produzione e le preferenze dei consumatori, tra gli altri. Il suo design deve essere affrontato da team multidisciplinari, in modo che anche personale tecnico specializzato nella conservazione degli alimenti, sia partecipe del progetto.

Cosa sono i contenitori primari, secondari e terziari ?

Con l'imballaggio primario comprendiamo tutto ciò che è stato progettato per costituire al punto di vendita un'unità di vendita per il consumatore o l'utente finale. In certi casi, c'è un contenitore secondario la cui funzione è quella di raggruppare un certo numero di imballaggi primari o unità di vendita, sia che questi saranno venduti congiuntamente o separatamente al consumatore finale. La confezione secondaria

può essere separato dal primario senza influenzare le caratteristiche del cibo né la sua capacità di conservazione. Infine, i contenitori terziari sono usati per il raggruppamento delle unità di vendita in modo ottimizzato per facilitare la gestione, stoccaggio e trasporto, nonché per evitare danni durante la manipolazione fisica.

Quali tipi di materiali plastici vengono utilizzati nell'imballaggio alimentare ?

I polimeri plastici hanno occupato uno spazio sempre più preponderante nella confezione del cibo per gli indubbi vantaggi. La sua grande versatilità lo rende adatto alla maggior parte dei prodotti, ma un'attenta selezione dei materiali applicabili a ciascun caso specifico, è auspicabile. Ci sono due categorie principali di polimeri plastici:

termoindurenti e termoplastici.

I polimeri termoindurenti, presentano una struttura fissa che non può essere modificata una volta che si siano solidificati. Questo è il caso dei rivestimenti usati per proteggere superfici di alcuni contenitori di metallo. D'altra parte, i polimeri termoplastici possono essere modellati, anche più volte, dall'azione del calore. Questo conferisce loro un'eccellente capacità di formare bottiglie, film plastici e altri tipi di contenitori. Esistono molti tipi di materiali plastici che possono essere utilizzati

per imballaggio alimentare. Alcune poliolefine, come polietilene (PE) e polipropilene (PP), sono i materiali più comunemente usati nella produzione di contenitori di plastica. Tuttavia, ci sono diverse dozzine di materie plastiche applicabili a imballaggi alimentari, tra cui il polietilentereftalato (PET), cloruro di polivinile (PVC), il polistirene (PS),

i copolimeri di etilene e alcool vinilico (EVOH) o alcuni tipi di nylon
(PA).

Ci sono composti del contenitore che possono migrare al cibo ?

La migrazione dei composti dal materiale di imballaggio al cibo dipende
da molteplici fattori, tra cui le proprietà fisico-chimiche dei composti in
questione, il materiale di imballaggio, il cibo, la temperatura, così come
l'area e tempo di contatto. Allo stesso modo, i composti chimici che
possono migrare dal contenitore al cibo sono molto diversi e dipendono
dal tipo di materiale. Alcuni materiali sono inerti (acciaio, ceramica,
vetro) e non consentono diffusione di composti dagli strati più esterni
del contenitore verso l'interno, a causa della loro struttura porosa, quindi
è solo necessario prendere in considerazione il trasferimento dalla
superficie interna del materiale e dai materiali che costituiscono la
chiusura. Altri materiali di natura non inerti (carta, cartone, plastica,
stagno) rappresentano una fonte diretta di sostanze inquinanti,
permettendo il passaggio di determinati composti attraverso la sua
struttura. Un esempio di questo è un certo tipo di inchiostri da stampa,
che può passare attraverso la carta e contaminare il cibo. Ecco perché è
molto importante utilizzare barriere adeguate per i diversi tipi di sostanze
migranti.

Come è la sicurezza dei materiali in contatto con cibo ?

Per determinare se la migrazione dei composti presenti nel contenitore
può rappresentare un rischio per i consumatori, si ricorre alla
realizzazione di prove di migrazione usando simulanti alimentari. I
simulanti sono usati come modelli alimentari, e permettono di
semplificare l'individuazione e la quantificazione di composti chimici.
L'analisi richiede lo sviluppo di metodologie analitiche specifiche per
ogni composto, simulante alimentare e alimento. Questo è il motivo per
cui è così necessario conoscere la composizione del cibo per il quale si
desidera effettuare i test di migrazione, selezionare il simulante più adatto
possibile alle sue caratteristiche, nonché le condizioni di contatto (area,
temperatura, tempo).

La migrazione non è solo studiata specificamente per certi composti, ma
anche in modo globale. I processi di migrazione globale consentono la
determinazione del trasferimento totale del materiale di imballaggio al
cibo senza bisogno di determinare quali composti migrano verso di esso.

In Europa, la legislazione dell'UE regola l'uso dei materiali in contatto
con gli alimenti. Limiti di migrazione specifici sono stabiliti per alcuni
composti ed esiste una lista positiva contenente i monomeri e gli additivi
autorizzati per l'uso in contenitori, secondo una valutazione
tossicologica.

È sicuro usare i metalli negli imballaggi per alimenti ?

La maggior parte dei contenitori metallici è in banda stagnata (acciaio
rivestito da un leggero strato di stagno) o alluminio laccato. La banda
stagnata ha una capacità riducente, che previene la perdita di colore e
aroma a causa dell'ossidazione del prodotto. Tuttavia, questo implica
la dissoluzione di stagno nel prodotto. Nei prodotti in cui l'ossidazione
non è un problema significativo, è stato introdotto il rivestimento con
vernici o lacche al fine di evitare la migrazione del materiale di
imballaggio. Le vernici sono polimeri plastici termostabili,
principalmente resine epossidiche, e possono anche migrare verso il cibo.
Le lattine possono essere formate per estrusione, per fustellatura e
incluso per saldatura (unicamente nel caso dell'acciaio), e possono essere
costituite da due o tre pezzi uniti da cuciture. Anche nelle lattine non
laccate, l'uso di lacche nelle chiusure è utile per proteggere il cibo contro
contaminanti esterni.

L'uso di lattine di metallo per l'imballaggio alimentare inizia all'inizio del
XX secolo. La sua applicazione principale è il confezionamento di
prodotti in scatola (conserve), nonché di alcune bevande gassate e non
gassate. Quando si tratta di materiali usati per decenni, sono disponibili
molte informazioni sull'uso di contenitori metallici per la conservazione
degli alimenti. Tuttavia, è necessario valutare l'incidenza dei fenomeni di
corrosione e migrazione dei materiali componenti i metalli utilizzati al
fine di garantire la sicurezza dei consumatori. Le leggi in vigore nei
diversi stati stabiliscono limiti per il contenuto in stagno e altri metalli nei
cibi in scatola, pure come altri composti potenzialmente presenti nei
rivestimenti.

Recipienti riutilizzabili contro riciclabili.

Una buona parte del cibo che mangiamo è confezionato e una buona
parte delle confezioni che consumiamo è costituita da materie prime che
non sono rinnovabili. I contenitori riutilizzabili sono quelli che possono

essere riempiti una o più volte, senza la necessità di riciclare il materiale, il cui principale costo associato al suo riutilizzo, è legato alla gestione della sua raccolta e sanificazione.

Un esempio, sarebbe la gestione della raccolta che viene eseguita nella maggior parte dei paesi, per alcuni contenitori di vetro, che vengono restituiti ai produttori per il loro riutilizzo.

Alcuni materiali come vetro, metallo, carta e alcune materie plastiche come il PET (polietilene tereftalato), possono essere riciclati, il che significa avere strutture sofisticate per il recupero di questi materiali.

Il riciclaggio di alcune materie plastiche possono diventare relativamente economiche se la gestione dei residui rifiuti consentono un'adeguata raccolta e separazione di materiali esistenti diversi.

Nel caso di materiali compositi e quando la separazione non è fattibile, di solito si opta per il riciclaggio energetico, cioè il recupero di energia attraverso l'incenerimento, che genera però rifiuti da trattare correttamente.

I contenitori biodegradabili sono una soluzione a breve termine all'uso di contenitori ?

Per imballaggi biodegradabili intendiamo quelli che possono essere sottoposti a un processo di biodegradazione per minimizzare l'impatto che generano come residuo. La biodegradazione è un processo che implica la decomposizione grazie alla azione degli enzimi prodotti da microrganismi in condizioni aerobiche o anaerobiche. Anche se si stima che l'uso di materiali di imballaggio biodegradabile aumenterà significativamente nei prossimi anni a causa delle richieste dei consumatori, il loro interesse da un punto di vista ecologico deve essere considerato attentamente. Da un lato, alcuni di questi materiali provengono da risorse naturali che sono di interesse non solo per la produzione di materiali di imballaggio. Un buon esempio di questo sono varie materie plastiche biodegradabili prodotte da composti di mais, riso o patate.

I contenitori prodotti con questi materiali sono, per ora, più costosi dei contenitori di plastica convenzionali, e non sono riciclabili. Inoltre, la loro produzione e biodegradazione non è esente dall'impatto ambientale, quindi è necessario eseguire un'analisi approfondita sulla sua idoneità.

METODI COMBINATI PER LAVORAZIONI MINIME.

Lo sviluppo della tecnologia alimentare ci ha permesso di conoscere i principi che regolano la conservazione dei prodotti trasformati e definire le condizioni che portano alla crescita, alla sopravvivenza e morte dei microrganismi.

La conoscenza attuale consente che, per ogni tecnica di conservazione, sia possibile stabilire le condizioni di lavorazione per ottenere un certo effetto. In altre parole, possiamo determinare l'intensità del trattamento da applicare in base all'effetto finale che si desidera ottenere. Ad esempio, i valori del tempo di trattamento a una temperatura, di attività di acqua, di pH, di pressione o di concentrazione di una determinata sostanza chimica, consentono di determinare se un alimento trasformato si manterrà in buone condizioni durante il suo stoccaggio.

Affrontare la conservazione di un alimento considerando un singolo fattore di conservazione è fattibile ma, di solito, comporta una modifica significativa delle sue proprietà. Quindi, ad esempio, se dobbiamo affidare la conservazione del pesce fresco esclusivamente all'aggiunta di sale, come nel caso del merluzzo, la quantità di sale che deve essere applicata per quel pesce, perché si conservi senza alcun trattamento aggiuntivo, come la refrigerazione, fa sì che il pesce non possa essere consumato in quanto tale, in quanto necessita prima del consumo, di essere sottoposto ad un processo di dissalatura.

Tuttavia, nella maggior parte dei casi, la stabilità microbiologica e fisico-chimica di un alimento, così come la sua sicurezza, non sono soggetti a un singolo fattore di conservazione, ma a una combinazione di vari fattori o tecniche applicate consecutivamente o simultaneamente.

Questo approccio, noto come tecnologia combinata, di barriere o di ostacoli, si basa sull'applicazione di metodi di conservazione a bassa intensità che, applicati insieme, consentono la produzione di cibo stabile riducendo al minimo l'impatto della lavorazione sulle caratteristiche del cibo fresco. Quindi, per esempio, e tornando al caso del pesce fresco, la combinazione di trattamento asettico di esso, insieme alla sua

refrigerazione e confezionamento in atmosfera modificata, è possibile estendere il suo tempo di conservazione, mantenendo le caratteristiche del prodotto originale.

Nella teoria dei metodi combinati, ogni metodo di conservazione è assimilato a un ostacolo che agisce in opposizione all'azione dei diversi agenti alteranti, che competono per raggiungere l'obiettivo, cioè l'alterazione del cibo. È importante notare che il concetto di

barriera sembra suggerire una sequenza successiva di effetti che agiscono in forma additiva, per raggiungere la conservazione del cibo. Tuttavia, questo concetto include la combinazione di una vasta gamma di barriere o tecniche di conservazione di diversa intensità, che in alcuni casi

sono applicati sequenzialmente e altre volte agiscono simultaneamente. In questo modo, è possibile combinare diversi metodi di conservazione, al fine di ottenere effetti a livelli diversi, per esempio impedendo la proliferazione di microrganismi, attaccandoli da da diversi fronti.

Questa strategia è molto importante nella progettazione di nuovi alimenti, non solo per garantire la loro sicurezza e stabilità microbiologica, ma anche per sviluppare prodotti che preservino al

massimo la loro qualità organolettica e nutrizionale.

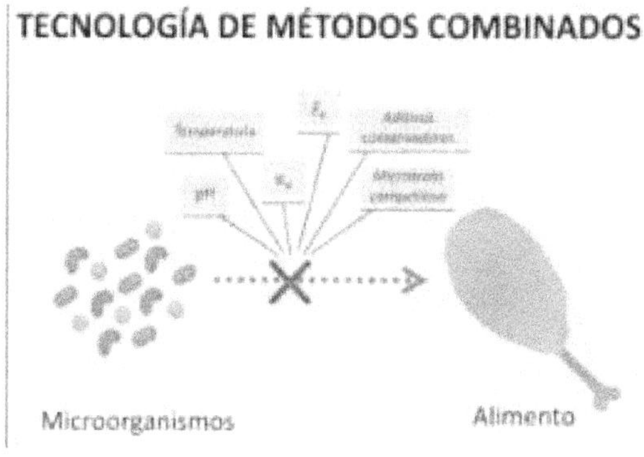

Per conservare il cibo, è necessario metterlo in condizione che venga impedita l'azione degli agenti alteranti. Nel caso di microrganismi, la risposta a fronte di queste condizioni, determinerà se questi potranno

svilupparsi o se, al contrario, se vedranno arrestato il loro sviluppo o
periranno. I fattori che condizionano questa risposta sono complessi.
Tuttavia, aspetti come l'omeostasi, l'esaurimento metabolico e la risposta
allo stress sono utili per comprendere le basi della tecnologia dei metodi
combinati.

Il concetto di omeostasi si riferisce al mantenimento dell'equilibrio e
stabilità interna dei microrganismi. Questi, come il resto degli organismi
viventi, hanno bisogno di alcune condizioni per la loro sopravvivenza.
Per evidenziare alcune di loro, possiamo citare la concentrazione di
sostanze nutritive, il pH o la temperatura nel mezzo cellulare. Pertanto,
la applicazione di strategie che squilibrano l'omeostasi dei microrganismi
può essere una potente strumento per la conservazione degli alimenti.
L'esaurimento metabolico si verifica a causa dell'usura subita da
microrganismi quando cercano di mantenere la propria omeostasi in
condizioni avverse. Questo fenomeno è tipico di molti alimenti,
compresi i prodotti a base di carne, in cui, col passare del tempo, e
perché esistono alcuni ostacoli nel cibo (pH, attività dell'acqua, presenza
di conservanti,), vi è una riduzione dei conteggi microbici fino alla loro
completa scomparsa.

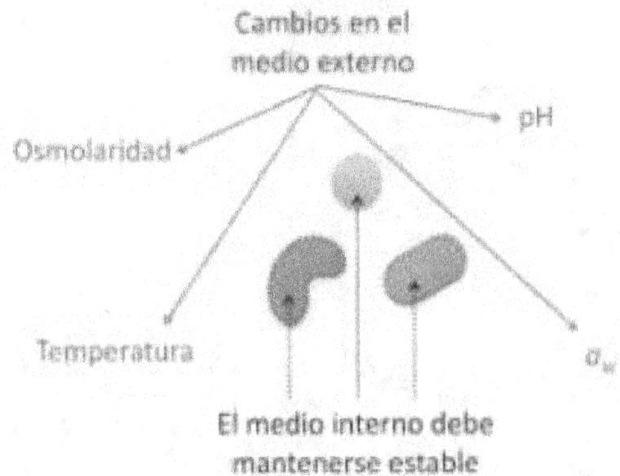

Infine, la maggior parte dei microrganismi sviluppa meccanismi di
resistenza a stress, poiché vi è l'attivazione di geni che portano alla sintesi

delle proteine di difesa. Tuttavia, questa sintesi non è gratuita per i microrganismi e comporta un dispendio in termini di energia. Se il microrganismo è di fronte a diverse fonti di stress, questo logoramento può portarlo a una situazione di esaurimento metabolico.

Esistono diverse varianti dell'applicazione della tecnologia degli ostacoli. Tuttavia, alcune associazioni di tecniche hanno dimostrato di essere particolarmente efficaci nell'inibire o rallentare i processi di deterioramento del cibo e persino eliminare gli agenti causanti di detto deterioramento. Ad esempio, l'uso di temperature di raffreddamento in combinazione con altri metodi di decontaminazione, permettono di migliorare l'efficacia di questi ultimi contro microrganismi e spore termoresistenti senza alterare la loro qualità sensoriale e nutrizionale.

EJEMPLOS DE TÉCNICAS CON DISTINTOS REQUERIMIENTOS ENERGÉTICOS

Alto coste energético	Bajo coste energético
Refrigeración	Secado/oreo/curación
Congelación	Acidificación
Tratamientos térmicos	Adición de conservantes
Liofilización	Adición de azúcar
Altas presiones	Protección frente al oxígeno
	Fermentación

In realtà, molti cibi tradizionali sono la conseguenza della applicazione intuitiva di diverse tecniche di lavorazione al fine di ottenere prodotti stabili con caratteristiche organolettiche e nutritive, attraenti.

La combinazione di diversi ostacoli convenzionali, come il riscaldamento, la conservazione a basse temperature, riducendo l'attività di acqua, la alterazione del pH, o la potenziale di riduzione dell'ossidazione, nonché l'uso di additivi o l'incorporazione di microrganismi competitivi, è molto comune nel cibo tradizionale.

Ora vedremo alcuni esempi:

- La conservazione della maggior parte dei salumi trasformati è associata al controllo dell'attività dell'acqua mediante l'aggiunta di sale e la disidratazione causata durante l'essiccazione e indurimento della carne, ma anche al controllo di microrganismi patogeni del genere Clostridium mediante aggiunta di sali <u>nitrati</u> e in aggiunta all'inibizione della crescita microbica in generale grazie all'uso di inoculi batterici che creano condizioni escludenti per altri generi microbici. Tutto ciò si verifica in condizioni che favorisca la trasformazione biochimica della carne e la generazione di composti che conferiscano a questi prodotti caratteristiche organolettiche desiderabili.

- Un altro esempio potrebbe essere un ortaggio sottaceto, in cui la conservazione si raggiunge con l'aggiunta di sale, che riduce l'attività dell'acqua, la fermentazione mediante colture microbiche selezionate che causano l'acidificazione e la conseguente diminuzione del pH-, la confezione in assenza di ossigeno, che altera il potenziale redox (Eh), e persino, in alcuni casi, l'applicazione di un trattamento termico aggiuntivo.

L'effetto causato dall'applicazione di due o più tecniche di conservazione può essere semplicemente additivo, cioè il risultato della somma degli effetti di ciascuno dei trattamenti applicati individualmente. Tuttavia, gli effetti sinergici sono spesso raggiunti.

Le sinergie tra le diverse tecniche di conservazione, consentono di ridurre l'intensità di trattamenti senza influire negativamente sulla conservazione del prodotto.

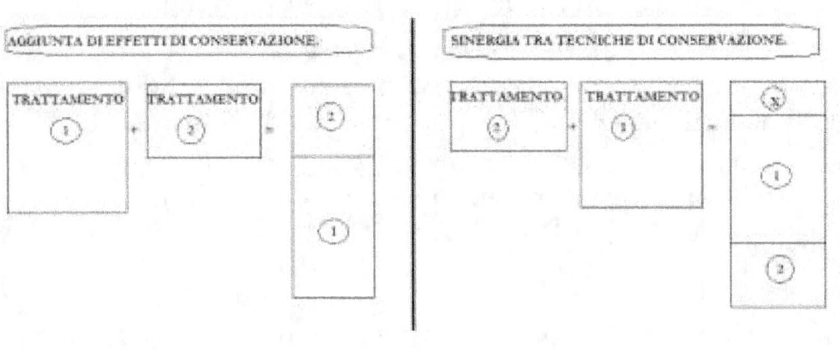

Diversificare il numero di tecniche di conservazione applicate migliora in generale l'efficacia dei trattamenti. Nel caso di microrganismi, la combinazione di tecniche permette di agire a livello di diverse strutture cellulari, il che rende per loro difficile l'attivazione di meccanismi di difesa e resistenza.

L'applicazione della tecnologia degli ostacoli ha dato un grande impulso allo sviluppo di nuovi cibi. La combinazione di diverse tecniche a bassa intensità consente di produrre alimenti minimamente trasformati che sono stabili e sicuri mentre organoletticamente e nutrizionalmente simili agli alimenti non trasformati. La loro denominazione non deve portare a inganno. Ed è per questo che il suo design richiede l'applicazione di una conoscenza ampia e sofisticata, sulle diverse tecniche di conservazione disponibili. Nel design di questi prodotti, la tecnologia di metodi combinati sono adattati per soddisfare le esigenze dei produttori, distributori e consumatori. Quindi, per esempio, quando il risparmio di energia è l'obiettivo principale, la conservazione è orientata verso la sostituzione di tecniche che consumano energia, come refrigerazione, e a beneficio degli altri, come l'attività dell'acqua, del pH o Eh- che non suppongono un costo energetico.

PRINCIPALES OBSTÁCULOS EMPLEADOS PARA LA CONSERVACIÓN DE ALIMENTOS

Parámetro	Técnica
Temperatura (alta)	Esterilización/Pasteurización térmica
Temperatura (baja)	Refrigeración, congelación
pH (bajo)	Adición de ácidos orgánicos, fermentación
a_w (baja)	Secado, curado, congelación
E_h (bajo)	Eliminación de oxígeno, adición de antioxidantes
Compuestos antimicrobianos	Adición de compuestos orgánicos (sorbatos, aceites esenciales, bacteriocinas, etc.) o inorgánicos (sulfitos, nitratos/nitritos)
Competición microbiana	Fermentación, adición de agentes de biocontrol

Negli ultimi anni, l'emergere di nuove tecnologie di conservazione ha rivoluzionato il mondo della conservazione del cibo. La combinazione di tecniche emergenti con tecniche tradizionali, permettono di aumentare il loro effetto inibitorio, ridurre l'intensità dei trattamenti applicati e impedire l'azione degli agenti sopravvissuti a tali trattamenti.

Attualmente, il numero di tecniche emergenti disponibili è molto ampio, potendole classificare in base alla loro natura in:

- fisico.

- fisico-chimico.

- microbiologico.

Clasificación de los principales métodos emergentes de conservación de alimentos		
Físicos	Microondas	
	Radiofrecuencias	
	Calentamiento óhmico	
	Radiación ionizante	
	Atmósferas modificadas	
	Envases activos	
	Recubrimientos comestibles	
	Luz UV y pulsos de luz	
	Altas presiones	
	Pulsos eléctricos	
	Ultrasonidos	
Físico-químicos	Etanol	
	Ácidos orgánicos	
	Ozono	
	Aceites esenciales y especias	
	CO_2	
	Agentes surfactantes	
Microbiológicos	Antibióticos	
	Bacteriocinas	
	Agentes de control biológico	

Che cos'è l'omeostasi microbica e quale ruolo gioca nella conservazione del cibo ?

L'omeostasi è la capacità di una comunità microbica di mantenere la propria stabilità e integrità di fronte a cambiamenti nelle condizioni dell'ambiente che la circonda.

Ad esempio, mantenere un pH definito è un prerequisito, allo stesso modo che una caratteristica, delle cellule viventi, essendo valida tanto per gli organismi superiore come per i microrganismi. Ci sono molti dati disponibili su omeostasi dei tessuti degli organismi superiori a livello molecolare, cellulare e subcellulare, che è di grande importanza in campo medico e farmacologico. La traduzione di questa conoscenza ai microrganismi rilevanti per la sicurezza alimentare è fondamentale per la comprensione dei meccanismi che regolano la loro sopravvivenza o morte. L'omeostasi dei microrganismi presente nel cibo è influenzata da fattori di conservazione, che impediscono la loro crescita o addirittura finire di causare la morte delle cellule, durante il processo di riparazione della loro omeostasi. Per tutto questo, per la conservazione di un alimento, la chiave è ottenere l'alterazione dell'omeostasi microbica in temporanea o permanente.

Quali sono le basi del concetto di esaurimento metabolico ?

La cosiddetta "sterilizzazione" di un alimento è un fenomeno osservato in alimenti soggetti a condizioni che limitano la moltiplicazione di microrganismi ma non abbastanza intensamente da causarne la morte. Pertanto, è spesso più fattibile osservare questo fenomeno nei prodotti conservati a temperatura ambiente e in presenza di altri fattori di conservazione, come una diminuzione dell'attività idrica o la presenza di composti antimicrobici.

Una spiegazione generale per questo fatto sorprendente è che, per condizioni vicine alle soglie che consentono la crescita microbica, i microrganismi sono colpiti in modo sub-letale, per cui mobilitano tutti i loro meccanismi di riparazione della loro omeostasi con il fine di superare le condizioni avverse. In questo modo, esauriscono le loro riserve di energia e quindi il loro metabolismo. Pertanto, nonostante il fatto che la refrigerazione è una tecnica molto importante per preservare la qualità e la sicurezza di cibo, in determinate circostanze potrebbe non essere in grado di alterare la omeostasi dei microrganismi in modo significativo, favorendo che i microrganismi scelgano semplicemente di sopravvivere contro il tentativo di recuperare la loro omeostasi.

Cosa è lo stress microbico e quali sono le conseguenze ?

Lo stress fa sì che alcune popolazioni microbiche diventino più resistenti, oppure ancora più virulento, dal momento che producono proteine specifiche per contrastarlo. Il calore, il pH, la aw, gli ambienti ossidativi, o la carenza di nutrienti, tra gli altri, sono fattori che promuovono la sintesi di proteine riparatrici, da parte dei microrganismi. Inoltre, i microrganismi sopravvissuti a uno stress possono sviluppare resistenza ad esso. Questo fatto può supporre un serio problema per la conservazione del cibo. L'attivazione dei geni responsabili di tale risposta, sono solitamente meno numerosi dei microrganismi soggetti a varie fonti di stress. Questo spiega perché spesso si incontrano

diversi fattori o tecniche di conservazione nello stesso alimento, col fine di garantire la sua stabilità.

Come si spiega che un trattamento molto intenso basato su una sola tecnica di conservazione è meno efficace di un trattamento più morbido basato sulla combinazione di tecniche ?

Il concetto di conservazione multi-obiettivo dovrebbe essere alla base di qualsiasi sviluppo dei processi di conservazione degli alimenti. L'applicazione congiunta di diverse tecniche o ostacoli, di solito hanno effetti sinergici, perché ciascuna tecnica agisce su microrganismi a diversi livelli (membrana cellulare, DNA, sistemi enzimatici, pH, osmolarità, presenza di ossigeno). Pertanto, la   conoscenza dei meccanismi di azione delle diverse tecniche di conservazione, vale a dire sapere se una tecnica agisce, ad esempio, permeabilizzando la

membrana dei microrganismi, acidificando il mezzo cellulare o alterando

il suo materiale genetico, è fondamentale essere in grado di selezionarli e applicarli in tal modo che il loro effetto combinato sia maggiore di quello che si otterrebbe applicando le stesse tecniche separatamente.

Questo sarà raggiunto sempre e quando le diverse tecniche impiegate, non agiscano sempre sullo stesso obiettivo.

Cos'è la microbiologia predittiva e a cosa serve ?

La microbiologia predittiva prevede l'uso di modelli matematici per prevedere la crescita e la morte di microrganismi patogeni e alteranti che sono in un alimento in condizioni diverse. Questo è un campo con un grande potenziale per lo sviluppo di alimenti minimamente lavorati, visto che questi, con facilità, possono presentare una crescita microbica durante la distribuzione, stoccaggio o manipolazione da parte dei consumatori.

ALIMENTI TRASFORMATI E QUALITA' NUTRIZIONALE.

Gli alimenti che abitualmente consumiamo nella nostra dieta, ci forniscono i nutrienti necessari per soddisfare i bisogni di materia ed energia dell'organismo. Inoltre, questi nutrienti risultano indispensabili per lo sviluppo delle funzioni biologiche, e partecipano ai diversi processi metabolici. In continuazione, saranno presentati i nutrienti presenti nel cibo.

I carboidrati sono classificati in zuccheri semplici e polisaccaridi. All'interno degli zuccheri semplici, sono compresi i monosaccaridi (glucosio, fruttosio e galattosio), i disaccaridi (maltosio, saccarosio e lattosio) e oligosaccaridi (maltotriosio).

I polisaccaridi o carboidrati complessi, sono composti da numerose molecole di monosaccaridi. All'interno di questo gruppo troviamo amido e glicogeno.

L'amido è un composto di origine vegetale costituito da molte molecole di glucosio legate insieme, formando catene lineari di amilosio e ramificate di amilopectina.
Si trovano abbondantemente in cereali, legumi e patate.

Il glicogeno è un polisaccaride di riserva di origine animale che viene immagazzinato nel fegato e nel muscolo. Le ostriche e soprattutto le cozze sono alimenti ricchi di questo polisaccaride.

I carboidrati sono una parte fondamentale della nutrizione umana. La sua funzione principale è quella di fornire energia (forniscono 4 kcal / g), ma possono essere trovati formando parte di strutture, principalmente legate a proteine e lipidi.

Sotto il termine di fibra dietetica, si ingloba un gruppo numeroso ed eterogeneo di componenti di origine vegetale resistenti alla digestione e / o all'assorbimento nell'intestino magro, con fermentazione completa o parziale nell'intestino crasso. I componenti principali della fibra sono oligosaccaridi (raffinosio, stachiosio e verbascosa), composti

particolarmente significativi nei semi di leguminose e nei polisaccaridi di cellulosa, emicellulose, pectine, e mucillagini. Un altro componente della fibra, di natura non glicemica, è la lignina, presente nella parte legnosa delle piante.

Questi componenti in fibra promuovono effetti benefici come l'effetto lassativo e diminuzione dei livelli di colesterolo e glucosio nel sangue.

Le proteine sono polimeri composti da un numero molto variabile di amminoacidi.

Le proteine hanno molte funzioni come la formazione delle strutture corporee, difensive contro organismi o particelle estranee, trasportatrici di molecole e ioni, regolatrici, formatrici di composti azotati di alto interesse biologico ed energetico.

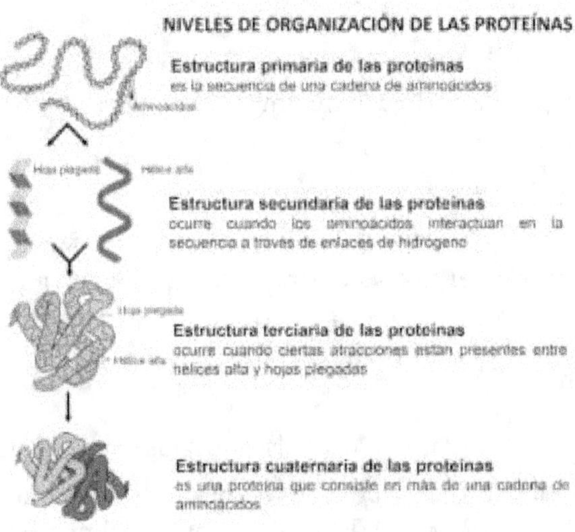

Alimenti di origine animale come carne, pesce, uova e latticini, forniscono una grande quantità di proteine e aminoacidi essenziali per l'uomo, mentre gli alimenti di origine vegetale, di solito non contengono alcuni degli amminoacidi essenziali.

Da un punto alimentare, i lipidi sono classificati come trigliceridi, fosfolipidi e colesterolo.

I trigliceridi sono costituiti da una molecola di glicerolo e tre molecole di acidi grassi. Questi acidi grassi possono essere saturi, monoinsaturi e polinsaturi, a seconda del loro grado di saturazione.

Estructura de los triglicéridos

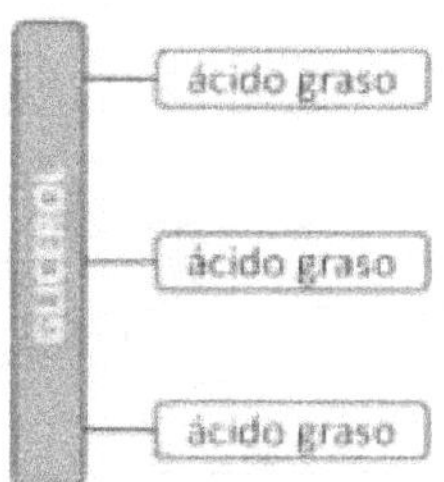

Gli acidi grassi saturi si trovano principalmente in prodotti di origine animale e nei grassi vegetali di cocco e palma, utilizzati in prodotti da forno e pasticceria. L'acido oleico monoinsaturo è presente in grandi quantità nell'olio d'oliva e anche, in misura minore, nell'olio di colza. Al contrario, l'acido polinsaturo linoleico (acido grasso della serie omega-6) è la maggiormente presente negli oli di semi come il girasole, mais, soia e semi d'uva, mentre l'acido linoleico (acido grasso della serie omega-3),

si trova in piccole quantità, ma importanti, nell'olio di semi di colza e soia. Altri acidi grassi di questa stessa serie sono gli acidi eicosapentaenoico e docosaesaenoico che sono presenti nel pesce. Questi acidi grassi polinsaturi sono precursori degli eicosanoidi,

composti che partecipano alla regolazione della pressione sanguigna, nei processi infiammatori e nella coagulazione del sangue.

I trigliceridi o grassi sono un'importante fonte di energia, dato che la performance ossidativa è di 9 kcal / g, che è più del doppio di quella fornita da carboidrati e proteine.

I fosfolipidi (che hanno acido fosforico nella loro composizione chimica) sono i componenti strutturali principali delle membrane cellulari. Questi lipidi non sono particolarmente abbondanti nella dieta, trovandosi in determinati alimenti come fegato, cervello, cuore e tuorlo d'uovo.

Il colesterolo predomina negli alimenti di origine animale e la sua funzione principale nel nostro organismo è formar parte delle membrane cellulari ed essere il precursore dell'altra molecola di grande interesse biologico, come certi ormoni steroidei, vitamina D e acidi biliari.

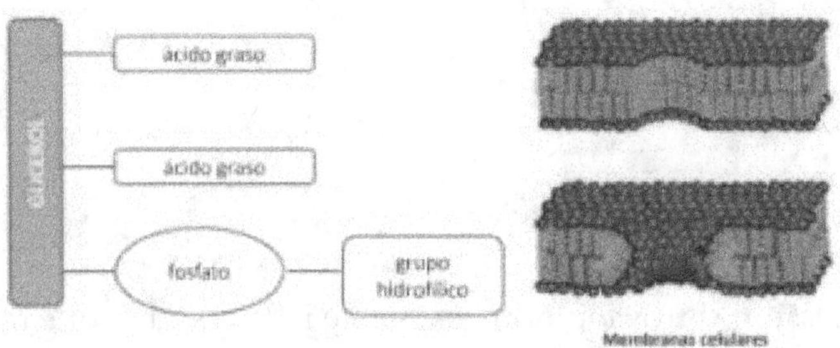

Le vitamine sono componenti organici che contengono carbonio, idrogeno e in alcuni casi di ossigeno, azoto e zolfo. Sono classificati in vitamine idrosolubili e liposolubili. Dentro il gruppo di vitamine idrosolubili, si includono B1 (tiamina), B2 (riboflavina), B3 (niacina), B5 (acido pantotenico), B6 (piridossina), B8 (biotina), B12 (cianocobalamina), C (acido ascorbico) e acido folico. Queste vitamine non sono immagazzinate nel corpo, tranne per la vitamina B12; pertanto, è necessaria un'assunzione quasi giornaliera. Per quanto riguarda le vitamine liposolubili, in questo gruppo sono le vitamine A, D, E e K.

La funzione principale delle vitamine è la regolazione dei processi metabolici, dal momento che agiscono come catalizzatori nelle reazioni biochimiche.

I minerali agiscono come formatori di strutture, come le ossa e i denti, intervengono nell'attività di nervi e muscoli, facilitano il trasporto

attraverso le membrane di composti essenziali e, inoltre, sono coinvolti
nella regolazione enzimatica dei processi metabolici.

Nutraceutici: Alcuni esempi

Nutraceutico	RDA*	Fonti (porzione tipica)		Effetti
OMEGA-3	1,5% del fabbisogno calorico giornaliero o circa 2-4 g		75g di salmone 15g di noci	Abbassano i livelli plasmatici di trigliceridi Azione antitrombotica
ISOFLAVONI	25-40 mg		75g di tofu 200g di latte di soia	Contrastano il colesterolo cattivo Proteggono da alcune forme cancerose (tumore al seno)
ACIDO FOLICO	250 mcg		150g di spinaci 80g di legumi	Indispensabili per: Lo sviluppo neuropsichico La sintesi del DNA La sintesi di amminoacidi e la formazione dei globuli rossi
ACIDO ASCORBICO	60 mg		170g di arancia 130g di verdura a foglia verde	Elevate proprietà antiossidanti contro i radicali liberi Sintesi di amminoacidi, ormoni e collagene
LICOPENE	5-15 mg		200g di pomodoro fresco 80g di sugo di pomodoro	Forte azione antiossidante Prevenzione da patologie neurodegenerative e cardiovascolari
FIBRA ALIMENTARE	25-30 g		200g di pane o pasta integrale 80g di crusca 150g di fagioli	Migliora la funzionalità intestinale Riduce il rischio di malattie cronico-degenerative

Tra i minerali che sono necessari in una proporzione maggiore c'è il
calcio, fosforo, magnesio e zolfo; mentre ferro, rame, zinco e fluoro
sono richiesti, tra gli altri, in quantità inferiore a 100 mg / giorno.

Ci sono molte fonti di cibo che contengono vitamine e minerali, al punto
che praticamente tutti gli alimenti forniscono questi nutrienti, in numero
maggiore o minore, e in maggiore o minore quantità

Non c'è un singolo alimento che abbia tutte le sostanze nutritive. Nella
nostra dieta dobbiamo includere una varietà di prodotti che la rendono
abbastanza ricca da essere in grado di far mantenere il nostro corpo sano.

Una gran parte del cibo che raggiunge il consumatore è stata sottoposta a
una serie di processi di manipolazione e trasformazione con l'obiettivo di
garantire la sua sicurezza durante il tempo, per preservare le sue
proprietà organolettiche. Tuttavia, questi processi possono ridurre

in modo più o meno significativo la qualità nutrizionale del cibo.

Il lavaggio è fondamentalmente fatto in frutta e verdura e può causare perdite di vitamine idrosolubili (vitamina C e gruppo B) e calcio, sodio e potassio.

Le operazioni di sbucciatura e affettatura possono causare perdite di vitamine e minerali, poiché in molti casi questi nutrienti si trovano nelle parti (steli, pelle e bucce) che noi scartiamo. Inoltre, durante questi stadi alcuni composti, principalmente acidi grassi insaturi e alcune vitamine (A, C ed E), sono ossidati dall'esposizione del cibo all'ossigeno.

Nei trattamenti termici, incontriamo il riscaldamento. Questo trattamento si applica in frutta e verdura per distruggere gli enzimi che limitano la loro conservazione. Durante la scottatura vi sono perdite di vitamine idrosolubili (B1 e C) poiché queste sono solubilizzate in acqua di <u>cottura</u>. Maggiore è l 'area di contatto, tempo di agitazione e la minore concentrazione di soluti nell'acqua, maggiori sono le perdite nutrizionali.

La pastorizzazione è un trattamento termico relativamente mite (T <100 ° C). La applicazione di temperature moderate durante tempi brevi, causa cambiamenti minimi nel valore nutrizionale. Alcuni studi dimostrano che le perdite di vitamina C nei succhi pastorizzati, sono inferiori al 15%. Tuttavia, nella sterilizzazione, dove si applicano temperature e tempi superiori alla pastorizzazione, cambiamenti sostanziali si verificano nel valore nutrizionale. Le vitamine C, B1, B6 e acido folico sono facilmente distrutti, mentre i grassi, proteine, carboidrati e minerali (come ferro e calcio) sono molto stabili alla sterilizzazione.

Durante l'evaporazione o la disidratazione vengono solitamente utilizzate temperature elevate, che causano la perdita di vitamine termolabili e la denaturazione delle proteine. Tuttavia, eliminando l'acqua dal cibo, queste si concentrano nei nutrienti.

Nel processo di <u>cottura</u>, la superficie del cibo raggiunge alte temperature

che produce la decomposizione di alcuni aminoacidi, perdite di proteine
per la reazione di Maillard, così come la maggior parte delle vitamine
solubili in acqua situate nello strato superficiale del cibo.

Durante l'estrusione del cibo, le molecole di amido si rompono in
molecole più piccole e le proteine vengono denaturate aumentando la
loro digeribilità. Non ci sono che pochissime perdite di lipidi, e i
minerali vengono trattenuti. Tuttavia, la estrusione causa perdite nel
valore nutrizionale delle proteine , dovute alla reazione di Maillard.

In quanto alle vitamine c'è una significativa riduzione del loro
contenuto.

Per quanto riguarda la frittura, se viene effettuata a temperature elevate,
si sviluppa rapidamente una crosta sullo strato superficiale che ridurrà le
perdite di nutrienti. In questo strato superficiale si verifica una
denaturazione delle proteine , che porta alla perdita di aminoacidi
essenziali come la lisina e il triptofano. Il saccarosio si dissocia in
glucosio e fruttosio, che sono distrutti dal calore principalmente nelle
reazioni di caramellizzazione o Maillard. I grassi insaturi si ossidano
facilmente. Per quanto riguarda le vitamine, le principali colpite sono le
vitamina C, E, A e quelle del gruppo B.

Quando la refrigerazione e il congelamento sono eseguiti correttamente,
producono un impatto minimo su carboidrati e proteine. Tuttavia, la
struttura porosa di alcuni prodotti, come i pesci, li rendono accessibili
all'ossigeno, che può causare ossidazioni lipidiche e perdita di vitamine
come C, A ed E. Alcune vitamine idrosolubili, possono anche perdersi
con l'essudazione, durante lo scongelamento, specialmente nella carne e
pesce.

Come abbiamo visto, è importante prendere in considerazione l'impatto
che ciascuno dei processi può causare sui diversi nutrienti del cibo per
conoscere la qualità nutrizionale dei prodotti che attualmente troviamo
sul mercato.

Cosa significa che un nutriente è essenziale ?

Un nutriente è essenziale quando non può essere sintetizzato dal corpo a partire da altri nutrienti, ma è necessario per il normale funzionamento dell'organismo. Pertanto, il nutriente essenziale deve essere fornito attraverso la dieta. Tra questi ci sono alcuni aminoacidi e lipidi, oltre alla maggioranza di vitamine e minerali.

Tutti gli alimenti vegetali sono deficitarii nello stesso amminoacido essenziale ?

Gli aminoacidi limitanti negli alimenti di origine vegetale di solito variano da un alimento all'altro, ma c'è la particolarità che nei cereali manca solo l'amminoacido essenziale chiamato lisina, mentre nei legumi, manca solo l'amminoacido chiamato metionina. Quindi, quando si combinano gli alimenti di questi due gruppi, possiamo ottenere una proteina completa che eguaglia e possa persino superare la qualità della carne. Pertanto, è possibile combinare lenticchie con riso, mais con fagioli, pane con piselli o altri, in modo che gli aminoacidi degli ultimi, completino gli aminoacidi mancanti nei primi, e ottenere insieme, una proteina di buona qualità.

Quali vitamine non sono essenziali ?

Le vitamine D3, K e B3 non sono essenziali per il nostro organismo.

- Vitamina D3 (colecalciferolo): viene sintetizzata nella pelle dall'azione delle radiazioni ultraviolette sopra un derivato del colesterolo, il deidrocolesterolo. La quantità di <u>luce</u> ultravioletta presente nella radiazione solare varia in base alla stagione dell'anno e alla

località, così come la <u>luce</u> totale ricevuta. Quindi, è ovvio che non è possibile contare una quantità sufficiente di <u>luce</u> ultravioletta naturale durante l'inverno nei climi nordici, quindi diventa necessario avere altre fonti di vitamina D.

- Vitamina K: la flora batterica intestinale è in grado di sintetizzarla. Pertanto, l'uso di antibiotici che riducono la flora intestinale, riduce la sintesi della vitamina K.

- Vitamina B3 (acido nicotinico): si forma nel fegato a partire dall'amminoacido essenziale triptofano. Al giorno d'oggi è generalmente accettato che circa 1/60 del triptofano contenuto nella dieta viene convertito in acido nicotinico e nicotinammide, e che l'intensità di queste reazioni di conversione è aumentata in situazioni di gravidanza.

Qual è la reazione di Maillard ?

Nella reazione di Maillard, si inglobano una serie di reazioni complesse tra gli zuccheri riduttori e le proteine, per produrre una serie di pigmenti di color marrone. La reazione di Maillard è favorita dal calore e, quindi, viene accusata nelle operazioni di cottura, pastorizzazione, sterilizzazione e disidratazione. Valori di pH inferiori a 6 diminuiscono la velocità con cui si sviluppa la reazione di doratura. Pertanto, l'acidificazione di un alimento rallenterà o impedirà lo sviluppo del colore marrone.

Cos'è la caramellizzazione ?

La caramellizzazione consiste nella degradazione termica (T> 165 ° C) del saccarosio, generando colori volatili e marroni. La caramellizzazione può essere catalizzata da acidi o basi, poiché pH <3 e> 9 facilitano la reazione. Il sapore di caramello è il risultato di numerosi composti derivati dalla frammentazione e disidratazione degli zuccheri

Quali cambiamenti si verificano nelle proteine a causa del calore ?

Le proteine sono denaturate dall'azione del calore a partire dai 50 ° C, migliorando in molti casi la digeribilità e la biodisponibilità di questa.

Tuttavia, le modifiche causate dal calore dipendono dalla natura della proteina; quindi, ad esempio, quando il collagene viene riscaldato a temperature sopra i 65 ° C in presenza di acqua, soffre di un dispiegarsi e aumenta la sua solubilità. Al contrario, le proteine mio fibrillari, alle stesse condizioni, si contraggono, perdono la capacità di ritenzione idrica e possono formare aggregati.

Inoltre, possono verificarsi reazioni tra il gruppo carbossilico dell'acido glutammico o aspartico e il gruppo e-ammino della lisina, diminuendo la digeribilità della proteina. Le proteine trattate a 250°C possono arrivare a pirolizzarsi (distruzione di composti proteici) che nella loro decomposizione può produrre sostanza mutagena. Queste temperature sono raggiunte nelle carni quando a queste, sono aggiunti grassi e la cottura è prolungata.

Tutte le vitamine si degradano allo stesso modo durante il trattamento termico ?

Le vitamine rispondono in modo diverso all'azione del <u>calore</u>. In generale, le vitamine idrosolubili sono più termolabili rispetto a quelle liposolubili e, in aggiunta, le loro perdite sono maggiori per resistenza acquosa. Tuttavia, quelli liposolubili sono particolarmente instabile contro l'ossidazione e la <u>luce</u>. Acido ascorbico, tiamina, acido pantotenico e folati sono le vitamine più labili e, quindi, si degradano più facilmente per l'azione del <u>calore</u>. Delle vitamine liposolubili, la vitamina A è la più termolabile.

SEMPRE LO STESSO PRODOTTO. GARANZIA DELLA QUALITA'.

La responsabilità per la produzione di cibo in una industria, risiede su ciascuno dei suoi dipendenti, dalla gestione sino agli operatori di linea. Tuttavia, i tecnologi di alimenti, specializzati nella garanzia della qualità, sono di vitale importanza per l'attuazione di un programma globale di gestione della qualità. Questa è una condizione essenziale per consentire la crescita e la sopravvivenza delle aziende in un quadro di libera concorrenza. Ma, prima di entrare nella materia, è necessario parlare sul concetto di qualità.

Il termine qualità viene utilizzato più volte, ma spesso con significati molto diversi. Nel caso specifico della produzione industriale di alimenti, potremmo definirlo come il grado nel quale un insieme di attributi o caratteristiche inerenti al cibo, compie con determinati requisiti o specifiche. Questi requisiti sono generalmente stabiliti in base ad alcune esigenze o aspettative stabilite dai consumatori.

Per capire meglio il concetto di qualità applicato al cibo, immaginiamo di essere un produttore di formaggi artigianali. I nostri clienti vengono da noi stabilendo sicuramente una serie di attributi che ogni formaggio che vogliono comprare, dovrebbe avere.

Ad esempio, indicheranno se lo preferiscono tenero o maturato, di mucca o pecora o anche la parte che sono disposti a comprare. Questa serie di funzionalità è ciò che chiamiamo requisiti stabiliti.

Ma c'è tutta una serie di requisiti impliciti che anche loro definiscono se il nostro formaggio soddisferà le esigenze dei nostri clienti o meno. Ad esempio, non ce ne parleranno in particolare, ma possiamo essere sicuri che vorrebbero che il formaggio fosse privo di microrganismi patogeni. E possiamo anche intuire, tra molte altre cose, che ai nostri clienti piacerebbe che il formaggio mantenesse le sue caratteristiche organolettiche per un tempo relativamente lungo. I nostri clienti non possono specificarci l'intero elenco completo e accurato dei requisiti che il nostro prodotto deve soddisfare. Noi, siamo quelli che devono anticipare tutte le caratteristiche che i clienti apprezzano e che influenzano la qualità in cui percepiranno il nostro prodotto.

Oltre a questi requisiti stabiliti e impliciti, ci sono quelli obbligatori, che sono quelli che i diversi regolamenti, direttive e leggi indicano, e che si occupano degli interessi del consumatore.

Gli attributi di qualità possono essere di natura diversa. Tra questi, l'innocuità del cibo, vale a dire l'assenza di rischi per la salute per i consumatori, è la caratteristica qualitativa più importante che un prodotto dovrebbe presentare. Pertanto, le autorità sanitarie assicurano, attraverso la legislazione, la sicurezza del cibo che il consumatore può trovare sul mercato. Ma ci sono altri attributi di interesse: quelli di natura nutrizionale, come il contributo dei nutrienti, la composizione, il valore energetico o la presenza di additivi, quello organolettico (colore, odore, gusto, consistenza, aspetto) e commerciale (prezzo, imballaggio, servizi al cliente, etichettatura o tracciabilità, tra gli altri).

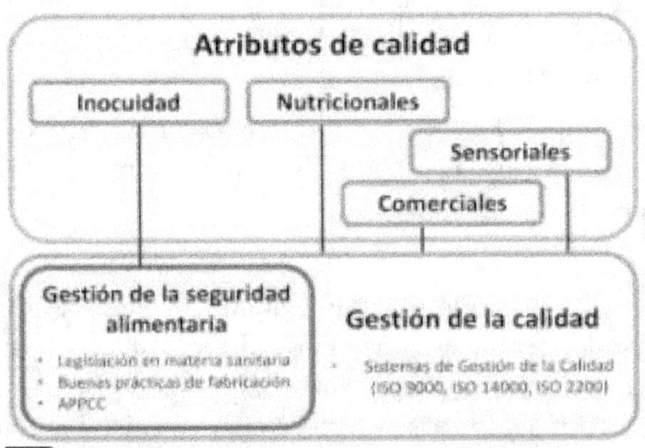

La necessità di gestire la qualità del cibo nasce come conseguenza della volontà di difendere gli interessi dei consumatori, garantendo che il cibo sia adatto per il consumo umano e generare fiducia nei prodotti e nei processi, utilizzati per la sua fabbricazione. Pertanto, è necessario non solo garantire la qualità dei prodotti, ma correttamente pianificare e sistematizzare tutti i processi coinvolti nella sua produzione, allo scopo di prevenire fallimenti di qualità e di essere in grado di dare una risposta adeguata agli stessi, quando si verifichino. La sistematizzazione dei processi produttivi è una priorità nelle strategie di gestione della qualità, poiché questo è l'unico modo per garantire che

vengano soddisfatte le specifiche che determinano le caratteristiche di un prodotto e suppongano anche uno strumento per il miglioramento continuo. Per questo, è necessario che le aziende valutino i requisiti che i clienti apprezzano attraverso i loro dipartimenti di marketing e commerciali con l'obiettivo di fornire le istruzioni necessarie per la fabbricazione di un prodotto.

L'implementazione di un sistema di gestione della qualità ha indubbi vantaggi per i fabbricanti di alimenti. Innanzitutto, consente un migliore controllo dei processi produttivi e quindi dei costi di produzione. D'altra parte, facilita il mantenimento di standard di qualità nel prodotto finale, il quale rafforza l'immagine del marchio del consumatore. Inoltre, semplifica il rispetto dei requisiti dettati dai mercati e amministrazioni, consentendo allo stesso tempo alle imprese di confrontarsi con la concorrenza.

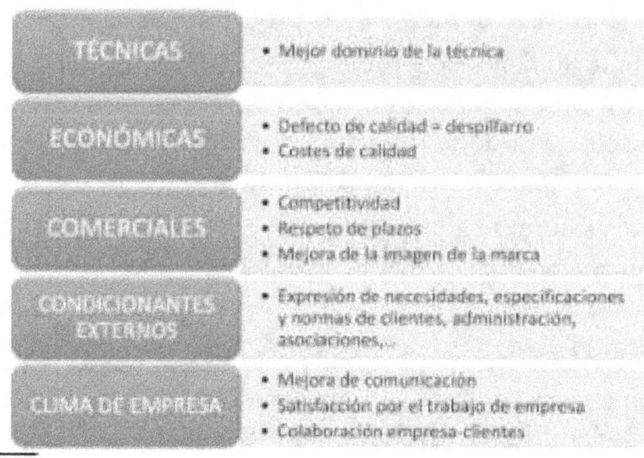

L'assicurazione della qualità alimentare, si appoggia su tre pilastri principali:

- l'instaurazione di buone pratiche di produzione e delle condizioni preliminari basiche, per la produzione alimentare.

- l'applicazione dei principi del sistema di analisi dei pericoli e punti critici di controllo (HACCP).

- conformità con i requisiti gestionali e operativi.

Di seguito vengono descritti i principali strumenti che li compongono.

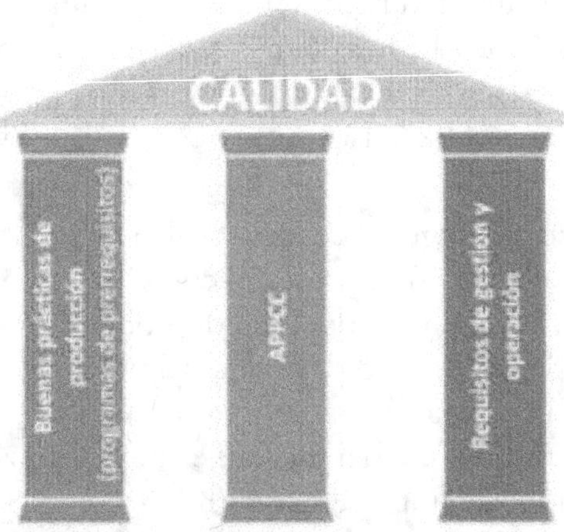

I TRE PILASTRI IN CUI SI POGGIA UN
SISTEMA DI GESTIONE DELLA QUALITA'.

Il primo dei pilastri si riferisce ai mezzi e alle procedure di base che
consentono di ottenere alimenti sicuri con caratteristiche desiderabili. Tra
i principali sistemi disponibili per questo scopo possiamo evidenziare le
Buone Pratiche Agricole, le Buone Pratiche di Igiene, e le Buone
Pratiche di Produzione. Questi si riferiscono principalmente
agli aspetti relativi alla sicurezza alimentare, sebbene non costituiscano
un ostacolo per la garanzia della qualità in termini più generali.

In secondo luogo, l'HACCP consente di identificare, valutare e
controllare i pericoli significativi per la sicurezza del cibo. Grazie al suo
rigore sistematico e scientifico, è diventato uno strumento indiscutibile
per il controllo di quei pericoli che possono apparire lungo la catena
alimentare, dalla fattoria alla tavola, ed è riconosciuto a livello
internazionale.

Infine, per l'adempimento dei requisiti gestionali e operativi, come da
esempio la tracciabilità del cibo dalla fattoria alla tavola, è necessario

implementazione di un sistema di gestione della qualità. Un sistema di gestione è costituito da un insieme di elementi (strategie, obiettivi, politiche, strutture, risorse e capacità, metodi, tecnologie, processi, procedure, regole e istruzioni di lavoro), attraverso il quale, la gestione aziendale pianifica, esegue e controlla tutte le sue attività per il raggiungimento degli obiettivi prestabiliti.

.

Lo sviluppo della consapevolezza sull'importanza della garanzia della qualità ha dato luogo al consolidamento di vari sistemi per la sua gestione. Di seguito sono descritti i più rappresentativi nel settore alimentare:

Lo standard ISO 9000 è un insieme di requisiti che guidano la pianificazione, implementazione e miglioramento continuo del sistema di gestione della qualità di un'azienda col fine che i prodotti corrispondano alle esigenze e alle aspettative dei clienti e siano conformi con i requisiti legali e normativi.

NORMA ISO 9001

Orientada hacia la **Gestión de la Calidad**

Establece requisitos orientados hacia la planificación, implementación y mejora continua de la gestión de la calidad de una empresa a fin de:

- garantizar que los productos (o servicios) cumplen con la calidad requerida por los clientes

- cumplir con cualquier regulación aplicable a esos productos o servicios

Se aplica a cualquier industria y no tiene en cuenta las especificidades de los sistemas alimentarios

Questo standard si applica a qualsiasi industria e non è specifico per il settore alimentare. Non fa riferimento alla sicurezza alimentare, quindi non è obbligatorio per le aziende. Tuttavia, molti agenti della catena, richiedono ai loro fornitori di adattarsi ad esso. Pertanto, avere la certificazione conforme ai requisiti della ISO9000, solitamente è una garanzia di maggiore competitività.

Lo standard ISO 22000, a differenza della ISO 9000, mira ad armonizzare i requisiti per la gestione della sicurezza alimentare, lungo l'intera catena di approvvigionamento, dagli agricoltori e allevatori a trasformatori e imballaggi, trasporti e punti vendita. Si estende ai fornitori di prodotti e servizi non alimentari, come la pulizia e produttori di apparecchiature, e possono essere utilizzati da organizzazioni di qualsiasi dimensione.

NORMA ISO 22000

- Orientada hacia la **Gestión de la Inocuidad Alimentaria**

- Armoniza los requisitos para cualquier organización de la cadena alimentaria. Estos incluyen:
    - la comunicación interactiva entre los agentes implicados
    - el establecimiento de un Sistema de Gestión
    - la implementación de programas de pre-requisitos
    - la aplicación de los principios del APPCC

Es específica para el sector alimentario

Oltre a questi standard di adattamento ai sistemi di qualità, ci sono alcuni programmi di enti di certificazione privati, che hanno origini diverse ma che negli ultimi anni hanno preso rilevanza internazionale. Tra gli altri spiccano EUREPGAP, BRC e IFS.

EUREPGAP è un programma di certificazione volontario privato creato da diverse catene di distribuzione dell'Europa occidentale. A differenza di altri programmi di certificazione, EUREPGAP sottolinea la salute del cibo, finora frutta e verdura fresco e la tracciabilità del prodotto nel suo luogo di origine. L'enfasi delle regole di EUREPGAP non è negli aspetti ambientali o sociali ma nella salute degli alimenti e nella sua tracciabilità, sino al terreno della fattoria in cui sono stati prodotti. Tuttavia, esso fa anche riferimento ai requisiti sull'uso dei pesticidi, sulla sicurezza dei lavoratori o sul rispetto delle leggi nazionali sul lavoro.

ESTÁNDARES PROMOVIDOS POR EL SECTOR PRIVADO

GLOBALGAP (antiguo EUREPGAP)
- Creado por una asociación de distribuidores (EUREP)
- Se centra en aspectos de Buenas Prácticas Agrícolas (GAP)
- Dirigido a empresas de producción primaria

Lo standard BRC (British Retail Consortium) è un regolamento stabilito dall' Associazione dei rivenditori britannici, che rappresenta la maggior parte del commercio al dettaglio nel Regno Unito, ma ha ottenuto un riconoscimento internazionale. Prevede i requisiti di un Sistema HACCP, un sistema di gestione della qualità documentato e il controllo dei requisiti delle condizioni ambientali delle installazioni, dei prodotti, dei processi e del personale.

ESTÁNDARES PROMOVIDOS POR EL SECTOR PRIVADO

Norma BRC
- Creada la asociación de minoristas británicos (BRC)
- Incluye aspectos relativos la inocuidad y calidad de los alimentos, así como aquellos legalmente exigidos para su producción
- Dirigido a empresas que suministran productos alimenticios

Lo standard IFS (International Food Standard), simile al precedente, mira a creare un sistema di valutazione coerente per tutte le organizzazioni che forniscono prodotti alimentari di marca, al dettaglio, stabilendo formulazioni e procedure di revisione uniformi al fine di creare trasparenza lungo tutta la catena di approvvigionamento degli alimenti a livello internazionale.

L'IFS ha lo scopo di consentire la valutazione dei requisiti di sicurezza alimentare e dei sistemi di qualità con un approccio uniforme.

Cosa si intende per controllo di qualità ?

Con il controllo di qualità si intende la pianificazione delle attività mirate verso l'ottenimento di un prodotto con una certa qualità. Questo implica la valutazione attraverso l'ispezione di diversi aspetti lungo la catena di produzione. Tuttavia, l'ispezione consente solo la segregazione dal buono dal non tanto buono, ma non può, da solo, migliorare la qualità di un alimento trasformato.

Cos'è la garanzia della qualità ?

La garanzia della qualità consiste in una serie di attività pianificate che permettano garantire che il programma di controllo della qualità sia efficace e consenta di raccogliere informazioni a vantaggio della qualità del prodotto finale.

Qual è la differenza tra controllo qualità e garanzia di qualità ?

Il controllo di qualità è fondamentalmente focalizzato sui processi di produzione direttamente correlati con la fabbricazione di un prodotto, così come nell'alimento in sé, dalle materie prime al prodotto finale. Invece, la garanzia della qualità è fissata in qualsiasi processo effettuato nella impresa, tra gli altri l'acquisizione di materiali ausiliari, la pulizia di strutture, la manutenzione delle attrezzature o gestione commerciale.

Quali sono le buone pratiche di produzione ?

Le buone pratiche di fabbricazione (GMP) possono essere definite come quegli elementi necessari per garantire che un prodotto sia stato fabbricato in modo uniforme e controllato, in conformità con gli

standard di qualità adattati all'uso previsto del prodotto e conforme alle
condizioni richieste per la sua commercializzazione.

Cos'è l'HACCP ?

L'analisi dei pericoli e i punti critici di controllo (HACCP), anche
denominato HACCP nei paesi con influenza anglosassone, è
un'approssimazione dei sistemi di gestione, per la gestione della
sicurezza alimentare. In generale, può essere definito come un sistema
orientato a identificare, valutare e controllare i pericoli che rappresentano
un rischio significativo per la sicurezza del consumatore.

A cosa servono gli standard ISO?

L'ISO (International Standardization Organization) è l'entità
internazionale responsabile di favorire gli standard di produzione,
commercio e comunicazione in tutto il mondo. La stragrande
maggioranza degli standard ISO sono specifici per un prodotto,
materiale o processo particolare. Tuttavia, gli standard ISO 9000 e ISO
14000 sono norme generiche per qualsiasi sistema di gestione, il che
implica che possono essere applicati a qualsiasi organizzazione, grande o
piccola, e indipendentemente dal tipo di prodotto o servizio che genera.
Possono essere applicati a qualsiasi attività, sia che venga svolta in
un'impresa commerciale, o in una pubblica amministrazione o in
un'organizzazione non governativa.

Cosa sono gli standard ISO 14000 ?

Le norme ISO 14000 riguardano principalmente la gestione ambientale.
Stabiliscono una serie di elementi volti a minimizzare gli effetti dannosi
delle attività industriali per l'ambiente, pur rispettando la legislazione in
materia ambientale.

Esistono standard o programmi di garanzia della qualità che siano obbligatori nell'industria alimentare ?

Nella stragrande maggioranza dei paesi (compresi tutti quelli
appartenenti all'Unione Europea), l'unico sistema di gestione a cui
dovrebbe rivolgersi l'industria alimentare, perché obbligatorio, è

l'HACCP, dal momento che si concentra su aspetti relativi alla sicurezza alimentare. Il resto delle certificazioni sono di conformità volontaria.

Perché un'azienda dovrebbe certificarsi nell'ambito di un programma di gestione di qualità ?

Da un punto di vista operativo, l'attuazione di queste norme conferisce alla società, gli strumenti per la gestione e il processo decisionale basati su dati. Ciò richiede un lavoro documentario basato sulla raccolta di informazioni da parte dello staff dell'azienda. Sebbene possa sembrare che ciò implichi una burocratizzazione dell'organizzazione, non è questo il caso. Ogni azienda può adattarsi alle norme in base alle sue esigenze e vincoli specifici. Inoltre, la certificazione presenta molti altri vantaggi. Tra questi, consente l'accesso a clienti che richiedono questo tipo di certificazione, apportano credibilità e promuove il miglioramento continuo nell'azienda, oltre ad orientare le attività dell'azienda verso la soddisfazione del consumatore e la sua valutazione.

SICUREZZA ALIMENTARE E SISTEMA HACCP.

Secondo la FAO, la sicurezza alimentare si verifica quando tutte le persone hanno un accesso, fisico, sociale ed economico, permanente, ad alimenti sicuri, nutrienti e in quantità sufficiente da soddisfare le loro esigenze nutrizionali e le preferenze alimentari, e così da poter essere in grado di condurre una vita attiva e sana.

Tuttavia, nel quadro dell'azione di una compagnia alimentare, ci riferiremo più specificamente alla sicurezza alimentare, che mira ad evitare la produzione di cibo malsano.

Come abbiamo detto, i processi sono progettati per produrre alimenti sicuri, tuttavia, a priori, nulla ci assicura che in qualsiasi momento le materie prime che elaboriamo, non siano corrette, o che nella industria un errore umano o l'installazione stessa, può determinare una produzione di cibo nocivo. Per garantire la sicurezza dei nostri alimenti, abbiamo bisogno di un sistema di gestione della sicurezza alimentare.

Ma quali sono gli agenti nocivi o i rischi che minacciano la sicurezza dei nostri alimenti ? Parleremo di pericoli biologici, chimici, fisici e nutrizionali.

I pericoli biologici, come batteri patogeni, parassiti, virus o i prioni, sono presenti negli alimenti e, in particolare, nei prodotti di origine animale.

Di questi, si conoscono molti esempi, come la presenza di Salmonella nelle carni di pollame, Listeria monocytogenes in latticini e prodotti a base di carne, biotossine nei molluschi vivi, trichina nella carne di maiale.

I prodotti chimici svolgono un ruolo importante nella produzione e distribuzione di cibo. Vale la pena sottolineare il miglioramento delle rese delle colture e della produzione di bestiame causata da prodotti fitosanitari e medicinali per uso veterinario, rispettivamente. D'altra parte, additivi alimentari, la cui aggiunta intenzionale ai prodotti alimentari hanno uno scopo tecnologico, consentono di migliorare la presenza del cibo al momento della sua immissione sul mercato.

Tuttavia, l'uso di tutto questo tipo di prodotti, porta alla presenza di sostanze chimiche negli alimenti, costituendo un rischio potenziale che dovrebbe essere ridotto al minimo. La presenza di sostanze chimiche negli alimenti, può anche avere un'origine non voluta, prodotta dall'inquinamento ambientale (aria, acqua o suolo) o per pratiche culinarie abituali (barbecue, cibi fritti, ecc.), il cui rischio deve essere soggetto di analisi.

CLASSIFICAZIONE DEGLI ADDITIVI ALIMENTARI IN BASE AL NUMERO		
100-199 Coloranti	100-109 – gialli 110-119 – arancione 120-129 – rossi 130-139 – blu e violetti	140-149 – verdi 150-159 – marroni e neri 160-199 – altri
200-299 Conservanti	200-209 – sorbati 210-219 – benzoati 220-229 – solfuri 230-239 – fenoli e formiati 240-259 – nitrati	260-269 – acetati 270-279 – lattati 280-289 – propionati 290-299 – altri
300-399 Antiossidanti e regolatori di acidità	300-309 – ascorbati (vitamina C) 310-319 – gallati e eritorbati 320-329 – lattati 330-339 – citrati e tartrati	340-349 – fosfati 350-359 – malati e adipati 360-369 – succinati e fumarati 370-399 – altri
400-499 Addensanti, stabilizzanti ed emulsionanti	400-409 – alginati 410-419 – gomma naturale 420-429 – altri agenti naturali 430-439 – derivati del poliossietilene 440-449 – emulsionanti naturali	450-459 – fosfati 460-469 – derivati della cellulosa 470-489 – derivati degli acidi grassi 490-499 – altri
500-599 Regolatori di acidità e antiagglomeranti	500-509 – acidi e basi inorganiche 510-519 – cloruri e solfati 520-529 – solfati e idrossidi 530-549 – sali dei metalli alcalini	550-559 – silicati 570-579 – stearati e gluconati 580-599 – altri
600-699 Esaltatori di sapidità	620-629 glutammati 630-639 inosinati 640-649 – altri	
900-999 Vari	900-909 – cere 910-919 – glasse 920-929 – agenti ausiliari	930-949 – gas per confezionamento 950-969 – dolcificanti 990-999 – schiumogeni
1100-1599 Altri prodotti	Sostanze che non rientrano nelle classificazioni sopra indicate	

I pericoli fisici, corrispondono a quelle materie estranee presenti negli alimenti che possono causare danni meccanici o traumatici se ingeriti, come ferite, tagli e ostruzione delle vie respiratorie tra gli altri. Ad esempio, frammenti di materiale di confezionamento o imballaggio, o di macchinari utilizzati nella lavorazione di alimenti, come vetro, metallo, plastica, viti, guarnizioni, ecc., che vengono accidentalmente incorporati nel cibo nel processo produttivo. Sono inclusi anche materiali estranei che possono accompagnare materie prime, come pietre, rami, resti di ossa, denti, ecc.

I rischi nutrizionali si presentano quando certe abitudini alimentari suppongono un pericolo per la salute delle persone, come un consumo insufficiente di alcuni nutrienti (vitamine e minerali, fibre, acqua) o assunzione eccessiva di altri (sale, zuccheri, grassi). Queste abitudini inadeguate sono associate ad un aumentato rischio di malattie,

come obesità, diabete, ipertensione arteriale, ecc. Inoltre, diventa sempre più importante la gestione dei rischi associati a sostanze che causano allergie o intolleranze.

La gestione dei rischi alimentari è svolta a livello globale dai governi attraverso l'imposizione di regolamenti e l'obbligo di determinati controlli.

La gestione dei pericoli, che in precedenza hanno dimostrato di rappresentare un rischio, viene eseguita dopo una valutazione scientifica, che tiene conto del livello di tossicità di ciascun agente pericoloso, i

livelli in cui sono presenti nel cibo che consumiamo e la quantità di detti cibi che di solito consumiamo.

La presenza di un pericolo in un alimento non comporta necessariamente un rischio.

Per determinare se un alimento non è sicuro, si tiene conto di quanto segue:
- le condizioni normali d'uso.
- le informazioni offerte al consumatore.
- i probabili effetti immediati o posteriori, sulla salute.
- i possibili effetti tossici cumulativi.
- la sensibilità specifica di determinati consumatori.

Così, l'industria alimentare, seguendo le imposizioni della legislazione sulla innocuità degli alimenti, deve lavorare per minimizzare questi rischi, per i quali si fa riferimento ai livelli massimi richiesti nei diversi regolamenti. Ad esempio nell'UE, abbiamo norme per: agenti patogeni batterici, additivi, aromi, contaminanti negli alimenti (acrilamide, diossine e policlorobifenili (PCB), idrocarburi aromatici policiclici

(HAP), metalli pesanti e altri inquinanti ambientali e industriali, <u>nitrati</u>,

micotossine e sostanze vegetali tossiche), residui di medicinali veterinari e determinate sostanze vietate nella produzione animale, residui di pesticidi, materiali in contatto con il cibo.

E come si riesce a minimizzare questi pericoli ? Avviando programmi e procedure di sicurezza alimentare, ciò che chiamiamo sistemi di gestione della sicurezza alimentare.

A tal fine, dovrebbero essere stabilite norme minime in materia di igiene. Attualmente, si lavora con sistemi di gestione di natura preventiva, in modo tale da cercare di minimizzare le probabilità che questi pericoli raggiungano il cibo o che, se lo fanno, che abbia la concentrazione la più bassa possibile. Tra questi sistemi di gestione, l'autocontrollo, basato sui principi di analisi dei pericoli e punti di controllo critici (HACCP), o HACCP in inglese, è uno dei più usati in tutto il mondo.

Infine, solo una nota per un'altra possibile minaccia alla sicurezza alimentare, che è la contaminazione del cibo, non in modo fortuito, ma intenzionale. Sempre più spesso, le aziende che ritengono di ottenere una certificazione in materia di sicurezza alimentare, devono dimostrare

di essere pronti a garantire che stanno proteggendo dal sabotaggio, attraverso i loro piani Food Defense (difesa alimentare).

Il sistema HACCP (analisi dei pericoli e punti di controllo critico) è stato inizialmente creato come un modo per garantire la sicurezza microbiologica agli albori del programma statunitense dei viaggi spaziali con equipaggio, al fine di garantire la sicurezza del cibo degli astronauti. Fino ad allora, la maggior parte dei sistemi di sicurezza alimentare erano basati nell'analisi dei prodotti finali e non poteva garantire la sicurezza assoluta, dal momento che non era possibile analizzare la totalità dei prodotti. Era necessario un sistema dinamico, focalizzato sui processi, e così è nato il concetto di analisi dei pericoli e punti di controllo critici.

Il sistema HACCP è principalmente un sistema preventivo. Identificare, valutare e controllare i pericoli importanti per la sicurezza alimentare. Si tratta di un approccio strutturato e sistematico.

Un punto di controllo critico è uno stadio in cui si può applicare un controllo e che è essenziale per prevenire o eliminare un pericolo relazionato con la sicurezza degli alimenti o per ridurlo ad un livello accettabile.

Il sistema HACCP si basa sulla precedente esistenza di sistemi di gestione della qualità fortemente attuate, come buone pratiche agricole (GAP), buone pratiche di produzione (GMP), buone pratiche igieniche (BPH) e buone pratiche nello stoccaggio (BPAL).

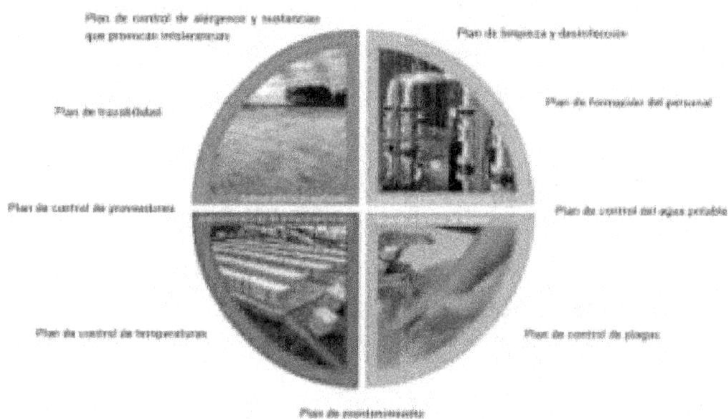

I cosiddetti programmi di prerequisiti includono le condizioni e le attività basiche che sono necessarie per mantenere, in tutta la catena alimentare, un ambiente igienico idoneo per la produzione, la movimentazione e la fornitura di prodotti finali sicuri per il consumo umano.

In generale, è possibile includere i seguenti piani:

- Piano di pulizia e disinfezione.

- Piano di formazione del personale (dove il personale sarà formato in BPH, BPF ...)

- Piano del controllo dell'acqua potabile.

- Piano di controllo dei parassiti.

- Piano di manutenzione

- Piano del controllo della temperatura.

- Piano di controllo dei fornitori.

- Piano della tracciabilità.

- Piano di controllo di allergeni e sostanze che causano intolleranze.

Il piano di rintracciabilità merita particolare attenzione, poiché la corretta attuazione, dipende in larga misura dal successo del resto dei piani, compreso il piano HACCP. La tracciabilità, definita come la possibilità di trovare e seguire il sentiero, attraverso tutte le fasi di produzione, trasformazione e distribuzione, di un alimento, un mangime o un ingrediente, è di importanza decisiva per la protezione dei consumatori. In particolare, è uno strumento di gestione del rischio che aiuta a facilitare il ritiro degli alimenti per i quali si sia rilevato un problema. Per ottenere la tracciabilità, gli operatori delle imprese alimentari, compresi gli importatori, avranno a disposizione un sistema che consente loro di identificare i fornitori e i loro clienti, in maniera immediata, tranne quando questi sono i consumatori finali. I sistemi di tracciabilità ci costringono a raggruppare le materie prime o i prodotti finiti, in molte caratteristiche simili. Quando un cibo che non è sicuro appartiene ad un lotto o ad una partita di alimenti, si presume che anche tutti gli alimenti contenuti in quel lotto, non siano sicuri.

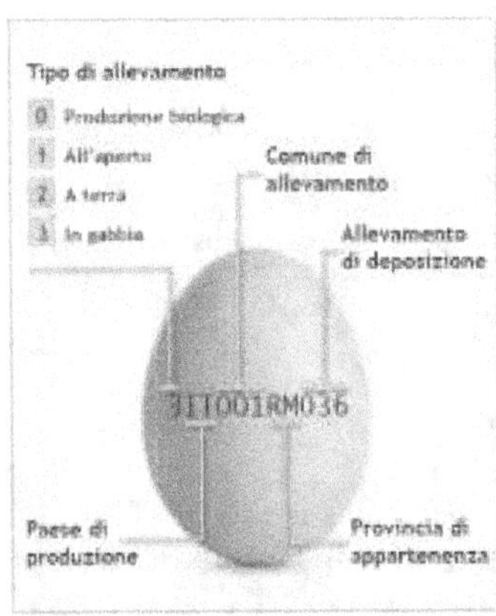

I principi di HACCP, sviluppati dalla Commissione del Codex Alimentarius all'inizio degli anni '90, prescrive una serie di fasi che devono essere seguite, per consentire, mediante l'analisi dei pericoli, stabilire i punti critici il cui controllo risulta indispensabile per garantire la sicurezza alimentare.

Per arrivare a questo punto, avremo bisogno di un diagramma di flusso aggiornato del processo di produzione, conoscere bene le attività e i prodotti e la collaborazione delle persone con esperienza, della società in questione.

Il primo principio consiste nella determinazione di ogni pericolo che dovrebbe essere evitato, essere eliminato o ridotto ad un livello accettabile. Ad esempio, in un'azienda che produce formaggio, nella fase di conservazione del latte dopo la pastorizzazione, potremmo elencare come pericoli:

- il moltiplicarsi di microrganismi patogeni, ricontaminazione con microrganismi patogeni, presenza di resti di prodotti di pulizia e disinfezione e presenza di particelle estranee al latte, e nella fase di pastorizzazione, la sopravvivenza dei microrganismi patogeni, la presenza di resti di prodotti di pulizia e disinfezione e presenza di particelle estranee al latte. Successivamente, selezioneremo quelli che sono significativi secondo la loro gravità e la loro probabilità di succedere. Infine, stabiliremo le misure preventive in ciascun caso, che corrispondono ai piani dei prerequisiti implementati in precedenza.

Seguendo il secondo principio, determineremo i punti critici di controllo critico in cui la supervisione è indispensabile. Nel nostro esempio, i primi tre rischi non richiedono un PCC, poiché ci saranno fasi successive, come la pastorizzazione, nella quale sarà possibile ridurre il carico microbico, e il lavaggio della cagliata durante il quale può essere ridotta al minimo la presenza di residui di detergenti e disinfettanti. Infine, la non sopravvivenza microbica deve essere monitorata in modo specifico, poiché lo stadio di pastorizzazione è specificamente progettato per ridurre al minimo il pericolo da agenti patogeni microbici, ed è essenziale per garantire la sicurezza del prodotto finale.

Secondo il terzo principio, e concentrandoci su questo PCC, stabiliremo il suo limite critico, per esempio a 72° C 15 s, che secondo l'esperienza precedente e le informazioni scientifiche, ci porta all'inattivazione di tutti i patogeni batterici non sporulati.

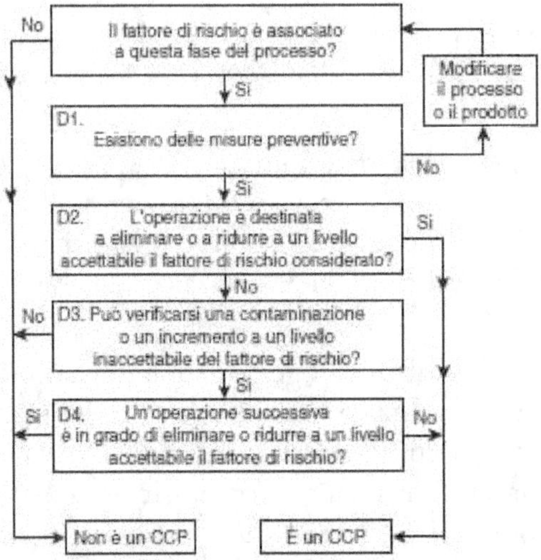

Albero delle decisioni per la sequenza delle operazioni di processo.

In base al quarto principio, stabiliremo e applicheremo procedure di sorveglianza efficace nei punti critici. Quindi, per ogni lotto di pastorizzazione, ci impegneremo a controllare il binomio T / t di pastorizzazione e registrarlo.

Nel caso in cui la sorveglianza rivelasse che un punto critico non è adeguatamente controllato, seguendo il quinto principio, applicheremo le azioni correttive necessarie; nel nostro caso, sarà rifiutato il latte o sarà ripastorizzato.

Nel principio 6, sono stabilite procedure di verifica per confermare che il sistema HACCP funziona in modo efficace. Nel nostro caso ci aiuterà a verificare che, per una parte, il piano è correttamente eseguito, e che, in effetti, l'unico monitoraggio del T / t di pastorizzazione, porta alla non presenza di agenti patogeni.

Infine, secondo il principio 7, elaboreremo un sistema di
documentazione su tutti i procedimenti e i registri appropriati per questi
principi e la loro applicazione.

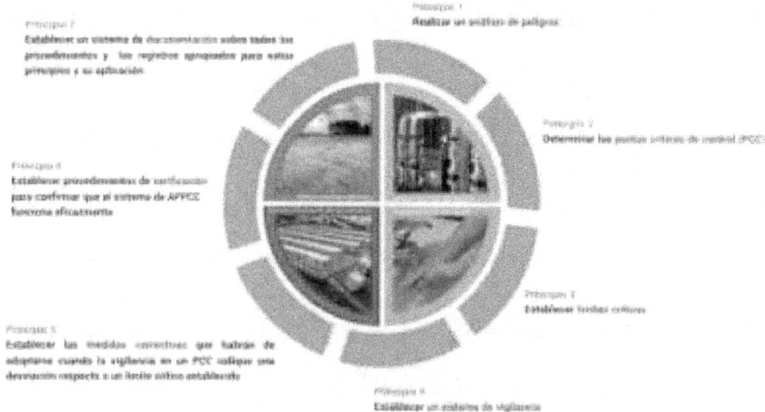

**Ha senso che i pesticidi e gli additivi aggiunti intenzionalmente,
sono considerati come pericolosi nei sistemi di gestione della
sicurezza alimentare ?**

Sì, poiché l'uso scorretto di uno di essi può portare a un incidente
di sicurezza alimentare. Si deve utilizzare solamente quei pesticidi che
sono autorizzati, alle concentrazioni consentite, e rispettare i termini di
sicurezza; per quanto riguarda gli additivi, saranno utilizzati solo quelli
autorizzati nel prodotto in questione e alle dosi consentite. I sistemi di
gestione dovrebbero garantire che tali premesse non siano violate, né
per errore e né intenzionalmente.

Come vengono gestiti i rischi nutrizionali ?

I rischi nutrizionali, in particolare, quelli che sono sostenuti da cattive
abitudini alimentari, come l'assunzione elevate di sale o grassi, si
gestiscono offrendo quante più informazioni possibili al consumatore,
attraverso la etichettatura del cibo, in particolare, l'informazione
nutrizionale che appare nella etichetta. Sono anche gestiti attraverso la

regolamentazione della pubblicità e attraverso campagne di
sensibilizzazione sulle corrette abitudini alimentari.

Cosa si intende per gestione del rischio ?

La gestione del rischio è una delle tre componenti dell'analisi del rischio
in cui le politiche di sicurezza alimentare dovrebbero essere basate:
- valutazione del rischio.

- gestione del rischio e comunicazione del rischio.

La gestione del rischio è il processo di ponderare le diverse opzioni
normative alla <u>luce</u> dei risultati di una valutazione del rischio e, se
necessario, la selezione di misure appropriate, necessarie per prevenire,
ridurre o eliminare il rischio e garantire un alto livello di protezione della
salute. I responsabili della gestione, all'atto di adottare decisioni, devono
prendere in considerazione una serie di informazioni, oltre alla
valutazione scientifica del rischio. Queste includono, per esempio, la
possibilità di controllare una situazione di rischio, le azioni più efficaci
per ridurlo in funzione della parte della catena di approvvigionamento
alimentare in cui il problema si ripete, le necessarie disposizioni pratiche,
gli effetti socioeconomici e l'impatto ambientale.

Perché di solito parliamo di minimizzare i pericoli e mai di eliminarli ?

L'ideale sarebbe ovviamente eliminarli; tuttavia, per motivi diversi questo
potrebbe non essere possibile. Ad esempio, se ad una industria viene
fornita una materia prima di origine vegetale, e in parte di essa sono
sono contenuti residui di fitosanitario (a livello legale e sicuro). Può
anche contenere agenti patogeni, e la società lavorerà sulla selezione delle
materie prime che contengano bassi carichi microbici, sebbene la totale
assenza di microrganismi, non è possibile; se il processo lo consente,
sarà possibile ridurre questa carica microbica a valori molto bassi,
prossimi a 0, attraverso trattamenti di inattivazione; nell'industria si
lavorerà in condizioni igieniche, ma non in sterilità. La materia prima
potrebbe anche contenere micotossine dovute alla contaminazione
naturale, in questo caso la impresa si concentrerà sul lavoro con materie
prime che contengono livelli al di sotto dei limiti legali, massimi e non

esiste un metodo di processo, per distruggerli completamente. Quindi, i rischi si gestiscono per raggiungere una situazione

considerata sicura, ma il rischio 0 non è raggiungibile. sia per motivi tecnici che economici.

Perché si dice che l'HACCP è un sistema di autocontrollo ?

Tutte le aziende del settore alimentare devono garantire la sicurezza dei loro prodotti nelle fasi della catena alimentare di cui sono responsabili, dalla produzione fino alla vendita al consumatore finale. In questo contesto, è chiamato autocontrollo l'insieme di metodi e procedure che le persone titolari dell'impresa alimentare devono applicare per garantire la sicurezza e la salute dei prodotti che producono, siano essi basati sul sistema di analisi dei rischi e Punti critici di controllo (HACCP) o guide di buone pratiche igieniche (GBPH).

Perché si è optato per i sistemi di autocontrollo in sostituzione dei sistemi tradizionali di analisi del prodotto finito come garanzia di sicurezza ?

Perché sono state osservate le limitazioni dei metodi di campionamento dei lotti per l'analisi: sarebbe necessario un campionamento molto esauriente per ottenere risultati affidabili e con bassa probabilità di errori. Inoltre, l'analisi del prodotto finale che dà come risultato, non conforme, non offre informazioni su ciò che è fallito nel processo, né la possibilità di tornare indietro una volta che il prodotto è finito. I sistemi basati sull'autocontrollo sono preventivi, offrono informazioni sugli incidenti registrati e dovrebbero garantire la sicurezza di tutti i lotti prodotti con un determinato processo e non di un lotto in

particolare, come nel caso precedente.

Una impresa alimentare dovrebbe avere tutti i piani di igiene in atto che vengono proposti nel video ?

Non necessariamente, secondo la legislazione europea ci deve essere un programma di tracciabilità, il resto è determinato dalla società in questione e potrebbe persino esisterne più di quelli menzionati. È vero, tuttavia, che l'implementazione di un piano HACCP sarà difficile o impossibile, senza il supporto di piani precedentemente implementati, come ad esempio quello del controllo dei fornitori, pulizia e disinfezione, controllo dell'acqua potabile.

Con la documentazione generata dai reparti acquisti e vendite delle industrie alimentari, non sarebbe sufficiente per garantire la tracciabilità ?

Dipende dal dettaglio delle informazioni generate da questi dipartimenti, ma è possibile che la tracciabilità 'a ritroso' (necessaria in modo che il movimento di prodotti verso la loro origine) e 'avanti' (cosa e a chi consegnare i prodotti) possa essere coperta in questo modo. Se è così, rimarrà garantita la tracciabilità "interna" o di processo, si tratta di mettere in relazione i prodotti che sono stati ricevuti in azienda, le operazioni o i processi che questi hanno subito (attrezzature, linee, locali, miscelature, divisioni, ecc.) al loro interno e ai prodotti finali che ne escono.

Due industrie che producono lo stesso cibo avranno sistemi di gestione uguali ?

Non necessariamente. I piani di igiene dipendono dall'infrastruttura della impresa, il numero di dipendenti e l'approccio al sistema. Al riguardo del piano HACCP, a seconda della profondità con cui attuare piani di igiene, materie prime, attrezzature, ecc., una fase del processo può essere considerata un punto di controllo critico in una industria e non esserlo in un'altra.

HACCP AUTOCONTROLLO.

Principi della legislazione alimentare.

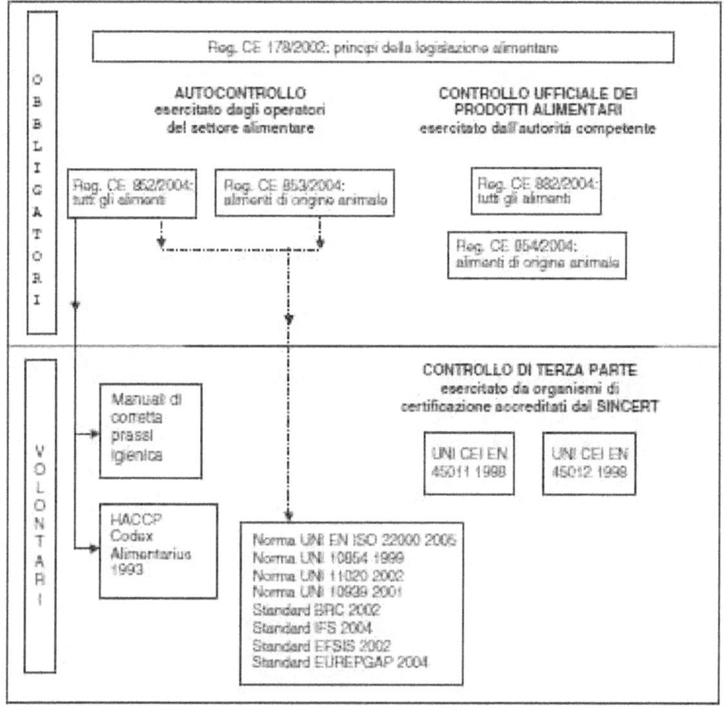

Principali riferimenti normativi relativi al controllo
della sicurezza alimentare.

Nei principi della legislazione alimentare, volontari, abbiamo quelli di HACCP Codex Alimentarius 1993.

I sette principi dell'HACCP secondo il Codex Alimentarius, indicano quanto segue:

1 - HA. Identificare i rischi e valutare la gravità degli stessi.

2 – CCP. Definire i sistemi di prevenzione critici.

3 – Fissare i limiti dei parametri critici da tenere sotto controllo.

4 – Attuare un sistema di registrazione dei dati critici da tenere sotto controllo.

5 – Definire le azioni correttive da intraprendere in caso di non conformità di un parametro di controllo.

6 – Verificare che gli obiettivi igienici del sistema siano conseguiti.

7 – Documentare il sistema.

Struttura di un sistema e di un manuale di autocontrollo.

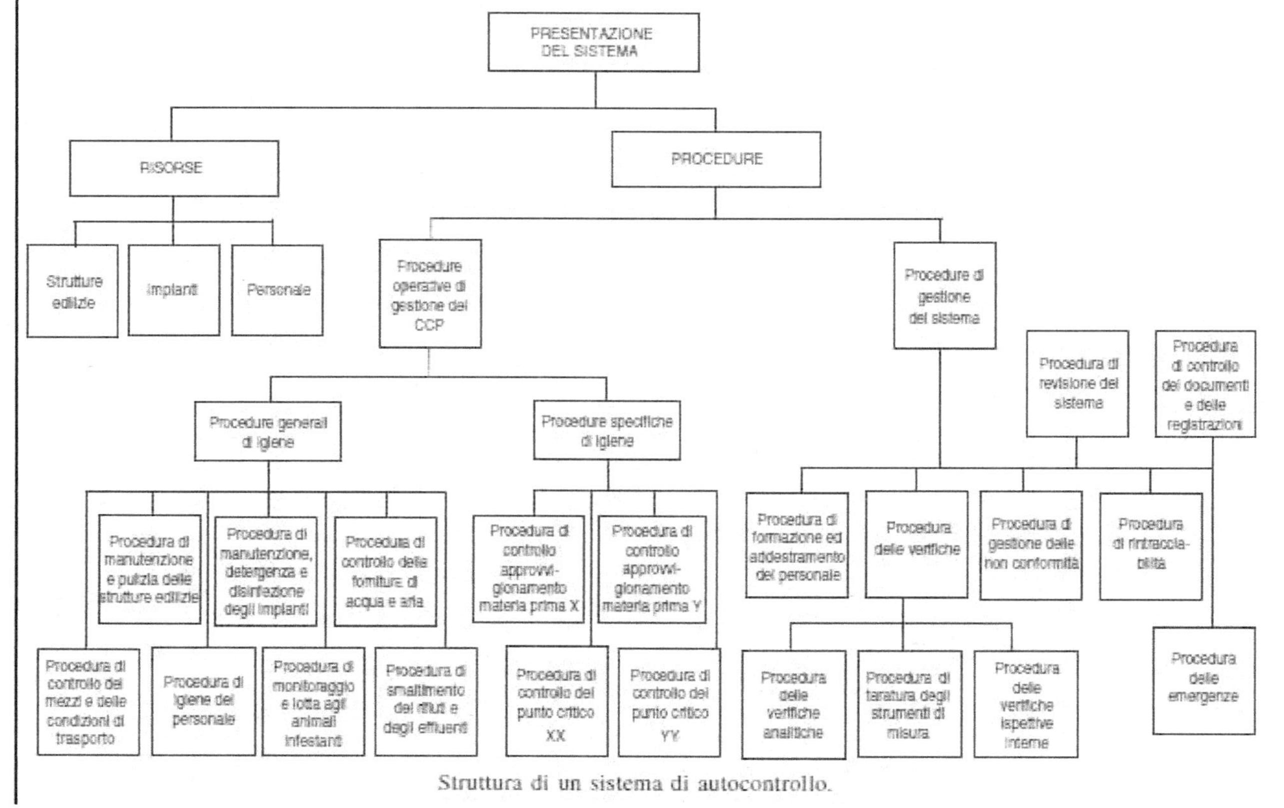

Struttura di un sistema di autocontrollo.

Gli elementi fondamentali da riportare nel manuale di autocontrollo, potrebbero essere questi.

PRESENTAZIONE DEL SISTEMA, comprende:

– Identificazione dell'azienda: la ragione sociale, l'indirizzo, il numero dell'autorizzazione sanitaria e, se del caso, della bollatura sanitaria.

– Dettagliata indicazione dei prodotti.

– Identificazione del titolare dell'azienda, cioè il responsabile dell'autocontrollo o del suo delegato all'autocontrollo (la lettera o la delibera di delega deve essere riportata in copia nel manuale di autocontrollo) e dei collaboratori ai quali competono ruoli di guida e di coordinamento del sistema di autocontrollo. Ad essa corrisponde l'organigramma nel quale sono indicati ruoli e funzioni relative all'attuazione del sistema di autocontrollo.

– Schede tecniche che definiscono le specifiche igieniche relative a:

– materie prime e prodotti ausiliari,

– prodotti finiti.

– Elenco dei riferimenti normativi obbligatori e volontari.

RISORSE.

Questa parte comprende un'analisi delle risorse con l'individuazione dei punti critici ai fini dell'igiene relativi agli edifici, alle attrezzature e al personale.

In questa parte si forniscono indicazioni sugli interventi previsti per ridurre le criticità strutturali e vengono descritte le procedure per mantenere le risorse a un adeguato livello di prevenzione del rischio igienico. Rientrano in particolare in questa parte:

– procedure di manutenzione e pulizia delle strutture edilizie, compresi gli impianti di condizionamento e gli scarichi;

– procedure di manutenzione, detergenza e disinfezione degli impianti;

– procedura di controllo dell'approvvigionamento dell'acqua e dell'aria;

– procedura di smaltimento dei rifiuti e degli effluenti;

– procedura di controllo dei mezzi e delle condizioni di trasporto;

– procedura di igiene del personale;

– procedura di monitoraggio e lotta agli animali infestanti.

PROCEDURE OPERATIVE DI GESTIONE DEI CCP.

In allegato a questa parte si riportano i documenti dello studio svolto per definire i CCP: flow-sheet con indicazione di tutte le fasi condotte in azienda e quelle affidate in appalto, dei punti di ingresso delle materie prime e di uscita dei prodotti finiti, degli intermedi, dei prodotti secondari e dei rifiuti, dei punti in cui hanno luogo rilavorazioni e ricicli, dei punti critici; analisi del rischio, tabella di valutazione e comparazione della gravità dei rischi, ecc.

PROCEDURE DI GESTIONE DEL SISTEMA.

– procedura di formazione e addestramento del personale;

– procedura delle verifiche analitiche (chimiche, fisiche, sensoriali e microbiologiche);

– procedura di taratura degli strumenti di misura;

– procedura delle verifiche ispettive interne (audit);

– procedura di rintracciabilità;

– procedura di gestione delle non conformità;

– procedura di revisione del sistema;

– procedure delle emergenze;

– procedura di controllo dei documenti e delle registrazioni.

Per le aziende agricole le procedure di controllo, non sono richieste per via normativa, sono tuttavia richieste come requisito commerciale dai clienti più esigenti, cioè dalle aziende di trasformazione e dalle organizzazioni di vendita.

È infatti evidente che le aziende di trasformazione e di distribuzione, che sono tenute all'attivazione di sistemi di autocontrollo dell'igiene, devono gestire anche il rischio di contaminazione delle materie prime e richiedono agli agricoltori garanzie di conformità igienica per tutti quei fattori che sono sotto il loro controllo. Anche nell'ambito delle aziende agricole si stanno quindi diffondendo sistemi documentati di gestione del rischio, che in alcuni casi seguono schemi definiti da norme volontarie e sono certificati dal cliente (seconda parte) o da una terza parte.

Lo schema di autocontrollo descritto nei paragrafi precedenti è applicabile anche per le aziende agricole, con la particolarità che per esse è necessario includere una:

Procedura di prevenzione dei rischi derivanti dall'uso di prodotti fitosanitari.

<u>RIFLESSIONI E CRITICITA'.</u>

***

Riflessioni e criticità, vuole aprire uno spazio per il lettore, nel quale si possa attingere a informazioni separate da quelle di questa guida, ma esposte con criticità rispetto ai dettami logici del buon senso, ricavati dalla lettura della guida stessa.

Questo libro, vuole essere una guida per conoscere le varie strade che percorre un alimento, dalla produzione, dalla lavorazione, dalla conservazione, dallo stoccaggio, dalla distribuzione, sino ad arrivare sulla nostra tavola, per soddisfare le nostre esigenze nutritive e di palato.

E' una strada lunga, irta di ostacoli, durante la quale ci vengono date informazioni, che a volte sono quantomeno "addolcite", per non spaventarci, per non farci riflettere sulla vera realtà in questo settore.

Proviamo a pensare, perché sino a pochi anni fa, il fabbisogno energetico di una persona era di 1.500/1.600 calorie giornaliere, e già all'epoca c'erano segnali di allarme per obesità.

Oggi il fabbisogno è di 2.000 calorie. Ma come, se avevamo già problemi di obesità con 1.600 calorie, figuriamoci con 2.000.

Quindi chi ci sguazza ? Chi non dice le cose come stanno.

La mia teoria. Utilizzando coloranti, conservanti, correttori ecc.ecc. aggiunti agli alimenti, ed utilizzando "tecnologie" come le chiamano, per cucinare, ossia usare vapore, calore, radiazioni, ecc., impoveriscono, e a volte annullano, e di parecchio, i contenuti di vitamine e sali minerali, contenuti negli alimenti.

Allora, se prima ingerivamo, per esempio, 1 kg di alimenti al giorno, per ottenere 1.600 calorie, ora, visto che le calorie vengono a mancare per i processi detti prima,   diciamo che ingerendo 1,4 kg di alimenti al giorno, ecco nominalmente che raggiungiamo le 2.000 calorie, di cui tutti parlano. Sono convinto che, le 2.000 calorie, alla fine si riducono sempre a 1.600, dopo i vari processi e tecnologie utilizzate, sovraccaricando il nostroorganismo di 0,400 kg di cibo inutile.

Inutile si, ma che comunque paghiamo sempre noi. Il guadagno delle multinazionali è fatto. Il cerchio quadra, come si suol dire.

Facciamo un piccolo esempio che leggerete anche subito dopo:

"- Il calore , danneggia la vitamina B5."

Fin qui, hai letto una informazione che ti fa capire che quando cucini un alimento contenente vitamina B5, questa verrà danneggiata dal calore, appunto.

In questo spazio e criticità, vogliamo o cerchiamo di farlo, informarti un po' più compiutamente sulla notizia stessa. Desideriamo informarti quali alimenti contengono la vitamina B5. Perché si usa la vitamina B5, per quali effetti e cure. Perché se la vitamina B5 si danneggia, che cosa dobbiamo dare al nostro corpo in alternativa ? Ma è giusto ragionare su una alternativa ? Chi mi dice che il nostro corpo, in mancanza o di ridotta quantità di vitamina B5, non subisca danni ? E se si, a quali danni andiamo incontro ?

"Tuttavia, l'uso di tutto questo tipo di prodotti, porta alla presenza di sostanze chimiche negli alimenti, costituendo un rischio potenziale che dovrebbe essere ridotto al minimo."

Qui ci dicono che, per aumentare la quantità di prodotti coltivati, occorre aggiungere dei particolari prodotti chimici, i quali costituiscono un rischio potenziale che dovrebbe essere ridotto al minimo.

Primo, il rischio potenziale è per chi ? Per il prodotto o per l'uomo ?

Se è per l'uomo, npon deve essere ridotto al minimo, ma deve essere eliminato completamente il rischio.

Secondo, perché queste sostanze, ossia il loro nome "chimico", viene proposto come "additivo", come "colorante", come "conservante" ?

Mi pare che con questo termine, si voglia edulcorare la faccenda.

Per questo e tanti altri motivi, in questo spazio cerchiamo di ragionare e riflettere su cosa e come gira il mondo.

Avrai a disposizione quindi tabelle e riferimenti incrociati, i quali ti daranno sicuramente una visione ancora più completa della conoscenza che dobbiamo avere, per tutto quello che ci riguarda, ne vale della nostra intelligenza e salute.

***

Bollitura e calore, distruggono due terzi della vitamina B1, così come avviene nella raffinazione, nella conservazione e nella sterilizzazione.

Il calore, danneggia la vitamina B5.

La vitamina B6 invece, essendo molto sensibile alla luce, si deteriora velocemente.

La luce ultravioletta, e gli agenti ossidanti, distruggono invece la vitamina B8.

La vitamina B9, a contatto del calore, anche solo dopo pochi minuti di bollitura, le sue proprietà si dimezzano.

La cottura, riduce notevolmente la quantità di vitamina C negli alimenti.

Purtroppo il calore, la cottura, la raffinazione, la luce e l'aria, riducono l'efficacia della vitamina E. Sostanze quali il cloro, presente nell'acqua, ne riducono l'assorbimento.

La cottura del cibo, può ridurre del 75% la quantità di magnesio nel cibo.

Cloro.

Sostanze come il cloro, (contenuto nell'acqua), riducono l'assorbimento della vitamina E.

Fertilizzanti.

La vitamina A, è distrutta dai fertilizzanti usati nelle coltivazioni intensive.

Maillard.

Per reazione di Maillard si intende una complessa serie di fenomeni che avviene durante la cottura, in seguito dell'interazione di zuccheri e proteine.

Possiamo dire quindi che nella fase finale del processo di ossidazione delle proteine e dei grassi, ad opera del glucosio, si creano le glicotossine, alle quali viene dato il nome di Ages (Advanced Glycation End Products) e Ales (Advanced Lipoxidation End Products).

I composti che si formano con queste trasformazioni, sono bruni e hanno il caratteristico odore della crosta del pane, appena uscito dal

forno. Le reazioni, che come dicevamo sono piuttosto complesse ed
eterogenee, ma che attraverso la formazione di un intermedio (composto
di Amadori), si formano diverse sostanze, come le melanoidine, con un
odore e colore caratteristici. La reazione deve il suo nome a Louis
Camille Maillard (1878-1936), chimico francese che la studiò per la prima
volta nel 1912.

Ma le reazioni di Maillard non sono tutte rose e fiori: tra gli svantaggi
della reazione di Maillard, vi è la produzione di sostanze potenzialmente
cancerogene e la perdita di amminoacidi essenziali, che sono quelli che
dobbiamo introdurre con la dieta. Per una buona reazione di Maillard, è
sufficiente cuocere a 140° C, non superando i 180° C. Attenzione a non
superare i 200° C, per evitare che si formino dei composti, ritenuti
cancerogeni.

L'acrilammide, è uno dei prodotti più pericolosi, (presente
principalmente negli amidi come pane, biscotti, patatine fritte, caffè). In
questo processo, sono fondamentali il tempo di cottura ed il grado di
calore raggiunto.

La cottura a fuoco vivo come alla griglia, raggiunge i 225° C, la frittura
i 177° C, la cottura al forno i 177° C, la bollitura i 100° C.

E' facile comprendere che cucinando alla griglia si producono molte più
glicotossine che con la bollitura. Maggiori produzioni di glicotossine, si
producono durante la cottura del pane grattato e dei biscotti, in quanto si
registra una immediata ossidazione del glucosio.

Occorre precisare che il 90% delle glicotossine ingerite con il cibo,
sono eliminate dai reni, i quali però, con l'avanzare dell'età, si
deteriorano, aumentando quindi il numero di Ages che non riusciamo a
smaltire.

Nitrati. Nitriti.

I nitrati, contenuti nella frutta e verdura, una volta stoccata nei
magazzini, si trasformano in nitriti, i quali nitriti, oltre ad essere sostanze
tossiche per l'uomo, distruggono pure la vitamina A.

Le nitrosammine, che sono cancerogene, sono derivate da nitrati e nitriti,
che assumiamo diariamente dai salumi, dalla frutta, dalla verdura,
essendo uno dei conservanti più usati.

Sistemi di condizionamento.

I sistemi di circolazione d'aria devono essere in grado di prevenire la formazione di condensa e devono erogare aria priva di contaminanti.

I sistemi devono essere costruiti in modo da consentire una facile pulizia e devono essere periodicamente puliti, disinfettati, e disinfestati specialmente le ventole, i raccoglitori e i condotti di scarico della condensa.

Le prese d'aria devono essere posizionate ad almeno 1 metro dal suolo o da qualsiasi superficie su cui possa depositarsi polvere e lontano da ogni altra possibile fonte di contaminazione.

L'aria del sistema che viene convogliata nelle aree in cui vengono prodotti gli alimenti deve essere filtrata mediante filtri d'aria adeguati. I filtri devono essere tenuti puliti e sostituiti secondo uno schema prefissato di manutenzione.

Vapore.

Il vapore che può venire indirettamente in contatto con gli alimenti deve provenire da acqua potabile ed essere privo di additivi.

Il vapore che viene a contatto diretto con i prodotti alimentari deve essere anche filtrato.

Devono essere impiegate valvole di non-ritorno per evitare risucchio di prodotto nelle linee del vapore.

<u>**Vitamine.**</u> (Vedi TABELLA VITAMINE)

A   RETINOLO EQUIVALENTE
B 1 TIAMINA
B 2 RIBOFLAVINA
B 3 NIACINA
B 5 ACIDO PANTOTENICO
B 6 PIRODOSSINA
B 7 INOSITOLO
B 8 BIOTINA
B 9 ACIDO FOLICO
B12 COBALAMINA
C   ACIDO ASCORBICO
E   TOCOFEROLI
N   ACIDO ALPHA-LIPOICO
PABA ACIDO PARA-AMINOBENZ.
Q   COENZIMA Q10

<u>**Sali Minerali.**</u> (Vedi TABELLA SALI MINERALI)

<u>BORO</u>
<u>CALCIO</u>
<u>CROMO</u>
<u>FERRO</u>
<u>FOSFORO</u>
<u>IODIO</u>
<u>MAGNESIO</u>
<u>MANGANESE</u>
<u>MOLIBDENO</u>
<u>POTASSIO</u>
<u>RAME</u>
<u>SELENIO</u>
<u>ZINCO</u>

TABELLA VITAMINE/PRODOTTI 1/7.

VITAMINA	PRODOTTI IN CUI SI TROVA	MALATTIE CURATE MIGLIORAMENTI	DOSE RACCOM. GIORNAL	DOSE MASSIMA GIORNAL
A RETINOLO	ALBICOCCHE	ALITOSI	900 MICG	3000 MICG
A RETINOLO	BROCCOLI GIALLI VERDE SCURO	ANGINA PECTORIS		
A RETINOLO	CAROTE	ARTERIOSCLEROSI		
A RETINOLO	FEGATO	ARTRITE		
A RETINOLO	LATTE E DERIVATI	CALCOLI ALLA CISTIFELLEA		
A RETINOLO	MELONI	CIRROSI EPATICA		
A RETINOLO	PATATE DOLCI	DIARREA		
A RETINOLO	PESCE	DISORDINI DEI DENTI		
A RETINOLO	SPINACI	DISORDINI DELLE GENGIVE		
A RETINOLO	TUORLO D'UOVO	EMORROIDI		
A RETINOLO	ZUCCHE	EPILESSIA		
A RETINOLO		ETILISMO		
A RETINOLO		GOTTA		
A RETINOLO		GUSTO		
A RETINOLO		INFARTO DEL MIOCARDIO		
A RETINOLO		INSUFFICIENZA CARDIACA		
A RETINOLO		MENINGITE		
A RETINOLO		MORBO CELIACO		
A RETINOLO		PIORREA		
A RETINOLO		STITICHEZZA		
A RETINOLO		ULCERE AFTOSE DELLA BOCCA		
A RETINOLO		VERMI		
B1 TIAMINA	CARNE DI MAIALE	ACIDO URICO	1,2 MG	N.D.
B1 TIAMINA	CRUSCA	ALCOLISMO		
B1 TIAMINA	PULA (RISO/GERME DI GRANO)	ARTRITE		
B1 TIAMINA		CIRROSI		
B1 TIAMINA		DIARREA PROLUNGATA		
B1 TIAMINA		GOTTA		
B1 TIAMINA		IPERTIROIDISMO		
B1 TIAMINA		SEPSI		
B1 TIAMINA		STATI INFETTIVI		
B1 TIAMINA		USTIONI		
B2 RIBOFL.	ALBUME D'UOVO	GASTRITE	1,3 MG	N.D.
B2 RIBOFL.	CARNE	MALATTIE INFETTIVE		
B2 RIBOFL.	FRATTAGLIE	PELLAGRA		
B2 RIBOFL.	LATTE	STRESS		
B2 RIBOFL.	LIEVITO DI BIRRA			
B2 RIBOFL.	PESCE			
B2 RIBOFL.	VEGETALI VERDI			
B3 NIACINA	CARNE	ACNE	16 MG	35 MG
B3 NIACINA	FEGATO	ARTRITE		
B3 NIACINA	FORMAGGI	ATEROSCLEROSI		
B3 NIACINA	FRUTTA FRESCA	CEFALEA		
B3 NIACINA	FRUTTA SECCA	INFARTI		
B3 NIACINA	LATTE	LEBBRA		
B3 NIACINA	LIEVITO DI BIRRA	MIOPATIE		
B3 NIACINA	PESCE	PELLAGRA		
B3 NIACINA	VERDURE	PRESSIONE ALTA		
B3 NIACINA		SORDITA' PROGRESSIVA		
B3 NIACINA		VERTIGINI		

TABELLA VITAMINE/PRODOTTI 2/7.

VITAMINA	PRODOTTI IN CUI SI TROVA	MALATTIE CURATE MIGLIORAMENTI	DOSE RACCOM. GIORNAL	DOSE MASSIMA GIORNAL
B5 ACIDO P	CARNE	CAPELLI BIANCHI	5,0 MG	N.D.
B5 ACIDO P	FEGATO	CICATRIZZAZIONE FERITE		
B5 ACIDO P	FRUTTA	GHIANDOLE SURRENALI		
B5 ACIDO P	LIEVITO DI BIRRA	INVECCHIAMENTO		
B5 ACIDO P	PESCE	RUGHE		
B5 ACIDO P	UOVA	SISTEMA IMMUNITARIO		
B5 ACIDO P	VERDURA	STRESS		
B6 PIRODOS	CARNE	ASMA	1,3-1,7 MG	100 MG
B6 PIRODOS	CAROTE	CALCOLI RENALI		
B6 PIRODOS	CEREALI POCO RAFFINATI	DEPRESSIONE		
B6 PIRODOS	FORMAGGI	DISTURBI CARDIOVASCOLARI		
B6 PIRODOS	FRATTAGLIE	DISTURBI DEL MOVIMENTO		
B6 PIRODOS	LATTE	DISTURBI DELL'ATTENZIONE		
B6 PIRODOS	LEGUMINOSE	IPEROMOCISTEINEMIA		
B6 PIRODOS	PESCE (ALCUNI TIPI)	SISTEMA IMMUNITARIO		
B6 PIRODOS	PISELLI	TUNNEL CARPALE		
B6 PIRODOS	SPINACI			
B6 PIRODOS	UOVA			
B7 INOSIT.	AGRUMI	ALIMENTAZIONE FEMMINILE	30,0 MG	N.D.
B7 INOSIT.	CEREALI INTEGRALI	ANSIA		
B7 INOSIT.	FEGATO	ASMA		
B7 INOSIT.	FRUTTA SECCA	ATTACCHI DI PANICO		
B7 INOSIT.	LEGUMI	CALVIZIE		
B7 INOSIT.	LIEVITO DI BIRRA	CANCRO (TER. PRE-OPERATORIA)		
B7 INOSIT.	SEMI	CIRROSI		
B7 INOSIT.		CUOIO CAPELLUTO		
B7 INOSIT.		DEPRESSIONE		
B7 INOSIT.		ECZEMA		
B7 INOSIT.		FEGATO GRASSO		
B7 INOSIT.		GASTRITE		
B7 INOSIT.		GLAUCOMA		
B7 INOSIT.		ICTUS		
B7 INOSIT.		INSONNIA		
B7 INOSIT.		IPOGLICEMIA		
B7 INOSIT.		MALATIE CARDIOVASCOLARI		
B7 INOSIT.		NEUROPATIE DIABETICHE PERIF.		
B7 INOSIT.		OBESITA'		
B7 INOSIT.		PARALISI CEREBRALE		
B7 INOSIT.		PSORIASI		
B7 INOSIT.		SCHIZOFRENIA		
B7 INOSIT.		SOVRAPPESO		
B7 INOSIT.		STITICHEZZA		
B7 INOSIT.		TENSIONE NERVOSA		
B7 INOSIT.		VERTIGINI		
B8 BIOTINA	ARACHIDI	CADUTA DEI CAPELLI	N.D.	N.D.
B8 BIOTINA	CARNE	CALVIZIE		
B8 BIOTINA	CIOCCOLATO	DEPRESSIONE		
B8 BIOTINA	FEGATO	DERMATITI		

TABELLA VITAMINE/PRODOTTI 3/7.

VITAMINA	PRODOTTI IN CUI SI TROVA	MALATTIE CURATE MIGLIORAMENTI	DOSE RACCOM. GIORNAL	DOSE MASSIMA GIORNAL
B8 BIOTINA	FUNGHI	DISTURBI DEL SISTEMA NERVOSO		
B8 BIOTINA	LIEVITO DI BIRRA	DOLORI MUSCOLARI		
B8 BIOTINA	PISELLI SECCHI	INAPPETENZA		
B8 BIOTINA	TUORLO D'UOVO	INFIAMMAZIONE DELLA LINGUA		
B8 BIOTINA	VERDURA	INSONNIA		
B8 BIOTINA		MANCANZA DI ENERGIA		
B8 BIOTINA		PELLE SECCA		
B8 BIOTINA		SPASMI		
B8 BIOTINA		TIC NERVOSI		
B9 AC.FOL.	ARANCE	ARTRITE	400 MICG	1.000 MICG
B9 AC.FOL.	ASPARAGI	AVVELENAMENTI ALIMENTARI		
B9 AC.FOL.	BROCCOLI	CARDIOPATIE		
B9 AC.FOL.	CARNE DI POLLO	ICTUS		
B9 AC.FOL.	CAROTE	OMOCISTEINA		
B9 AC.FOL.	FAGIOLI	PARASSITI		
B9 AC.FOL.	FAGIOLINI			
B9 AC.FOL.	FEGATO			
B9 AC.FOL.	GERME DI GRANO			
B9 AC.FOL.	LATTE FRESCO			
B9 AC.FOL.	LIEVITO			
B9 AC.FOL.	PATATE			
B9 AC.FOL.	RISO			
B9 AC.FOL.	SPINACI			
B9 AC.FOL.	UOVA			
B12 COBAL.	FEGATO (MANZO E MAIALE)	CONVALESCENZE	2.4 MICG	N.D.
B12 COBAL.	RENI (MANZO E MAIALE)	DISTURBI PSICHIATRICI		
B12 COBAL.		HERPES FACCIALE		
B12 COBAL.		HERPES ZOSTER		
B12 COBAL.		INFEZIONI BATTERICHE		
B12 COBAL.		INFEZIONI VIRALI		
B12 COBAL.		STRESS		
C AC.ASCOR	AGRUMI	ACNE	90 MG	2.000
C AC.ASCOR	BROCCOLI	AFFATICAMENTO		
C AC.ASCOR	CAVOLI	AIDS		
C AC.ASCOR	FAVE	ALLERGIE		
C AC.ASCOR	FEGATO	AMBLIOPIA		
C AC.ASCOR	FRAGOLE	ANEMIA		
C AC.ASCOR	KIWI	ANEMIA PERNICIOSA		
C AC.ASCOR	PEPERONI	ARSENICO		
C AC.ASCOR	PISELLI	ARTRITE		
C AC.ASCOR	RENE (FRATTAGLIE IN GENERALE)	ASCESSI		
C AC.ASCOR	RUCOLA	ASMA		
C AC.ASCOR		ASTENOPIA		
C AC.ASCOR		BENZENE		
C AC.ASCOR		BERI BERI		
C AC.ASCOR		BORSITE		
C AC.ASCOR		CADMIO		
C AC.ASCOR		CALCOLI ALLA CISTIFELLEA		
C AC.ASCOR		CALCOLI RENALI		
C AC.ASCOR		CALVIZIE		

TABELLA VITAMINE/PRODOTTI 4/7.

VITAMINA	PRODOTTI IN CUI SI TROVA	MALATTIE CURATE MIGLIORAMENTI	DOSE RACCOM. GIORNAL	DOSE MASSIMA GIORNAL
C AC.ASCOR		CANCRO (TER. PRE-OPERATORIA)		
C AC.ASCOR		CARBONCHIO		
C AC.ASCOR		CATARATTA		
C AC.ASCOR		CEFALEA		
C AC.ASCOR		CIRROSI EPATICA		
C AC.ASCOR		CISTITE		
C AC.ASCOR		CLORAMMINE		
C AC.ASCOR		COLITE		
C AC.ASCOR		CONGIUNTIVITE		
C AC.ASCOR		CONTRACCEZIONE		
C AC.ASCOR		CRAMPI		
C AC.ASCOR		DEPRESSIONE		
C AC.ASCOR		DIABETE		
C AC.ASCOR		DIARREA		
C AC.ASCOR		DIFTERITE		
C AC.ASCOR		DISORDINI DELLA VISTA		
C AC.ASCOR		DISORDINI DELLA MESSA A FUOCO		
C AC.ASCOR		DISPLASIA CERVICALE		
C AC.ASCOR		DISTROFIA MUSCOLARE		
C AC.ASCOR		DOLORI ALLA SCHIENA		
C AC.ASCOR		ECZEMA		
C AC.ASCOR		EMOFILIA		
C AC.ASCOR		EMORRAGIA GASTROINTESTINALE		
C AC.ASCOR		EMORROIDI		
C AC.ASCOR		ENCEFALITE		
C AC.ASCOR		ENFISEMA		
C AC.ASCOR		EPATITE		
C AC.ASCOR		EPILESSIA		
C AC.ASCOR		ESAURIMENTO SURRENALE		
C AC.ASCOR		ETILISMO		
C AC.ASCOR		FEBBRE		
C AC.ASCOR		FEBBRE REUMATICA		
C AC.ASCOR		FEBBRE TIFOIDE		
C AC.ASCOR		FERRO		
C AC.ASCOR		FIBROSI CISTICA		
C AC.ASCOR		FLEBITE		
C AC.ASCOR		FORUNCOLI		
C AC.ASCOR		FRATTURE		
C AC.ASCOR		FUMO		
C AC.ASCOR		FUMO DI SIGARETTA		
C AC.ASCOR		GASTRITE		
C AC.ASCOR		GASTROENTERITI		
C AC.ASCOR		GENGIVE SANGUINANTI		
C AC.ASCOR		GLAUCOMA		
C AC.ASCOR		GONFIORE GHIANDOLARE		
C AC.ASCOR		GOTTA		
C AC.ASCOR		GOZZO		
C AC.ASCOR		GRAVIDANZA		
C AC.ASCOR		HERPES		
C AC.ASCOR		HERPES ZOSTER		
C AC.ASCOR		ICTUS		
C AC.ASCOR		IMPETIGINE		
C AC.ASCOR		INFEZIONI		

TABELLA VITAMINE/PRODOTTI 5/7.

VITAMINA	PRODOTTI IN CUI SI TROVA	MALATTIE CURATE MIGLIORAMENTI	DOSE RACCOM. GIORNAL	DOSE MASSIMA GIORNAL
C AC.ASCOR		INFEZIONI BATTERICHE		
C AC.ASCOR		INFLUENZA		
C AC.ASCOR		INSONNIA		
C AC.ASCOR		IPERTENSIONE		
C AC.ASCOR		IPOGLICEMIA		
C AC.ASCOR		IPOSSIA		
C AC.ASCOR		ITTERIZIA		
C AC.ASCOR		LEUCEMIA		
C AC.ASCOR		LIVIDI		
C AC.ASCOR		MAL DI SCHIENA		
C AC.ASCOR		MALATTIA MENTALE		
C AC.ASCOR		MENINGITE		
C AC.ASCOR		MERCURIO		
C AC.ASCOR		MESTRUAZIONI		
C AC.ASCOR		MONOSSIDO DI CARBONIO		
C AC.ASCOR		MORBILLO		
C AC.ASCOR		MORBO CELIACO		
C AC.ASCOR		MORSI DI RAGNO		
C AC.ASCOR		MORSI DI SERPENE		
C AC.ASCOR		NEFRITE		
C AC.ASCOR		NITROSAMMINE		
C AC.ASCOR		OSSIDAZIONE CELLULE POLMONI		
C AC.ASCOR		OSTEOMALACIA		
C AC.ASCOR		OTITE		
C AC.ASCOR		PARANOIA		
C AC.ASCOR		PERTOSSE		
C AC.ASCOR		PIAGHE DA DECUBITO		
C AC.ASCOR		PIEDE D'ATLETA		
C AC.ASCOR		PIOMBO		
C AC.ASCOR		PIORREA		
C AC.ASCOR		POLIOMIELITE		
C AC.ASCOR		POLMONITE		
C AC.ASCOR		PROSTATITE		
C AC.ASCOR		PSICOSI		
C AC.ASCOR		PSORIASI		
C AC.ASCOR		RACHITISMO		
C AC.ASCOR		RAME		
C AC.ASCOR		REUMATISMO		
C AC.ASCOR		RINITE ALLERGICA		
C AC.ASCOR		SCHIZOFRENIA		
C AC.ASCOR		SCORBUTO		
C AC.ASCOR		SCOTTATURE		
C AC.ASCOR		STITICHEZZA		
C AC.ASCOR		TETANO		
C AC.ASCOR		TUBERCOLOSI		
C AC.ASCOR		TUMORE DEL FEGATO		
C AC.ASCOR		TUMORE DEL POLMONE		
C AC.ASCOR		TUMORE DELL'ESOFAGO		
C AC.ASCOR		TUMORE DELLA BOCCA		
C AC.ASCOR		TUMORE DELLO STOMACO		
C AC.ASCOR		ULCERA PEPTICA		
C AC.ASCOR		VENE VARICOSE		
C AC.ASCOR		VERMI		
C AC.ASCOR		VERTIGINI		
E TOCOFER.	AGRUMI	ALZHEIMER	15 MG	1.000

TABELLA VITAMINE/PRODOTTI 6/7.

VITAMINA	PRODOTTI IN CUI SI TROVA	MALATTIE CURATE MIGLIORAMENTI	DOSE RACCOM. GIORNAL	DOSE MASSIMA GIORNAL
E TOCOFER.	CEREALI INTEGRALI	ATEROSCLEROSI		
E TOCOFER.	GERME DI GRANO	CEFALEE		
E TOCOFER.	MANDORLE	COAGULAZIONE DEL SANGUE		
E TOCOFER.	NOCI	CORONAROPATIA		
E TOCOFER.	NOCCIOLE	DIABETE		
E TOCOFER.	OLIO DI SEMI	DISTROFIA MUSCOLARE		
E TOCOFER.	UVA	MALATTIA DI CROHN		
E TOCOFER.		MALATTIE CARDIOVASCOLARI		
E TOCOFER.		MALATTIE GASTROINTESTINALI		
E TOCOFER.		MALATTIE REUMATICHE		
E TOCOFER.		MORBO DI PARKINSON		
E TOCOFER.		OSTEOPOROSI		
E TOCOFER.		SCLEROSI MULTIPLA		
E TOCOFER.		TROMBOSI		
E TOCOFER.		TUMORE COLON		
E TOCOFER.		TUMORE POLMONE		
E TOCOFER.		TUMORE PROSTATA		
E TOCOFER.		TUMORE SENO		
E TOCOFER.		TUMORE VESCICA		
E TOCOFER.		VENE VARICOSE		
N AC.ALPHA	BROCCOLI	AIDS	N.D.	N.D.
N AC.ALPHA	CARNI ROSSE	CATARATTA		
N AC.ALPHA	FRATTAGLIE (FEGATO E CUORE)	DIABETE		
N AC.ALPHA	PATATE	GLAUCOMA		
N AC.ALPHA	SPINACI	INTOSSICAZIONE MERCURIO		
N AC.ALPHA		INTOSSICAZIONE PIOMBO		
N AC.ALPHA		IPERGLICEMIA		
N AC.ALPHA		MALATTIE CARDIOVASCOLARI		
N AC.ALPHA		MALATTIE EPATICHE		
N AC.ALPHA		MALATTIE NEURODEGENERATIVE		
N AC.ALPHA		RADICALI LIBERI NEL CERVELLO		
N AC.ALPHA		SINDROME DI AFFATICAMENTO		
N AC.ALPHA		TUMORI		
PABA AC. AM	FEGATO	ALLUCINAZIONI	N.D.	N.D.
PABA AC. AM	FRATTAGLIE	ANEMIA		
PABA AC. AM	FUNGHI	CEFALEA		
PABA AC. AM	GERME DI GRANO	IPOGLICEMIA		
PABA AC. AM	LIEVITO DI BIRRA	MACCHIE DELLA PELLE		
PABA AC. AM	UOVA	MALATTIE PARASSITARIE		
PABA AC. AM	YOGURT	PELLE SECCA		
PABA AC. AM		PROBLEMI DI STERILITA'		
PABA AC. AM		RUGHE		
PABA AC. AM		SCHIZOFRENIA		
PABA AC. AM		SCOTTATURE SOLARI		
PABA AC. AM		STITICHEZZA		
PABA AC. AM		TUMORE DELLA PELLE		
PABA AC. AM		VITILIGINE		

VITAMINA	PRODOTTI IN CUI SI TROVA	MALATTIE CURATE MIGLIORAMENTI	DOSE RACCOM. GIORNAL	DOSE MASSIMA GIORNAL
Q COEN.Q10	ARACHIDI	AIDS	N.D.	N.D.
Q COEN.Q10	CARNE	ALLERGIE		
Q COEN.Q10	CEREALI	ASMA		
Q COEN.Q10	PESCE (TONNO E SARDINE)	CANCRO (SPECIALMENTE SENO)		
Q COEN.Q10	SPINACI	DIABETE		
Q COEN.Q10	UOVA	DISTROFIA MUSCOLARE		
Q COEN.Q10	VERDURE	DISTURBI RESPIRATORI		
Q COEN.Q10		EMICRANIA		
Q COEN.Q10		IPERTENSIONE		
Q COEN.Q10		PARKINSON		
Q COEN.Q10		SENSO DI FATICA		

TABELLA PRODOTTI/VITAMINE.

PRODOTTI IN CUI SI TROVA	VITAMINA
AGRUMI	B7 INOSIT.
AGRUMI	C AC.ASCOR
AGRUMI	E TOCOFER.
ALBICOCCHE	A RETINOLO
ALBUME D'UOVO	B2 RIBOFL.
ARACHIDI	B8 BIOTINA
ARACHIDI	Q COENZ.Q10
ARANCE	B9 AC.FOL.
ASPARAGI	B9 AC.FOL.
BROCCOLI	B9 AC.FOL.
BROCCOLI	C AC.ASCOR
BROCCOLI	N AC.ALPHA
BROCCOLI GIALLI VERDE SCURO	A RETINOLO
CARNE	B3 NIACINA
CARNE	B5 ACIDO P
CARNE	B6 PIRODOS
CARNE	B8 BIOTINA
CARNE	Q COENZ.Q10
CARNE	B2 RIBOFL.
CARNE DI MAIALE	B1 TIAMINA
CARNE DI POLLO	B9 AC.FOL.
CARNI ROSSE	N AC.ALPHA
CAROTE	A RETINOLO
CAROTE	B6 PIRODOS
CAROTE	B9 AC.FOL.
CAVOLI	C AC.ASCOR
CEREALI	Q COENZ.Q10
CEREALI INTEGRALI	B7 INOSIT.
CEREALI INTEGRALI	E TOCOFER.
CEREALI POCO RAFFINATI	B6 PIRODOS
CIOCCOLATO	B8 BIOTINA
CRUSCA	B1 TIAMINA
FAGIOLI	B9 AC.FOL.
FAGIOLINI	B9 AC.FOL.
FAVE	C AC.ASCOR
FEGATO	A RETINOLO
FEGATO	B3 NIACINA
FEGATO	B5 ACIDO P
FEGATO	B7 INOSIT.
FEGATO	B8 BIOTINA
FEGATO	B9 AC.FOL.
FEGATO	C AC.ASCOR
FEGATO	PABA AC.AM
FEGATO (MANZO E MAIALE)	B12 COBAL.
FORMAGGI	B3 NIACINA

PRODOTTI IN CUI SI TROVA	VITAMINA
FORMAGGI	B6 PIRODOS
FRAGOLE	C AC.ASCOR
FRATTAGLIE	B2 RIBOFL.
FRATTAGLIE	B6 PIRODOS
FRATTAGLIE	PABA AC.AM
FRATTAGLIE (FEGATO E CUORE)	N AC.ALPHA
FRUTTA	B5 ACIDO P
FRUTTA FRESCA	B3 NIACINA
FRUTTA SECCA	B3 NIACINA
FRUTTA SECCA	B7 INOSIT.
FUNGHI	B8 BIOTINA
FUNGHI	PABA AC.AM
GERME DI GRANO	B9 AC.FOL.
GERME DI GRANO	E TOCOFER.
GERME DI GRANO	PABA AC.AM
KIWI	C AC.ASCOR
LATTE	B2 RIBOFL.
LATTE	B3 NIACINA
LATTE	B6 PIRODOS
LATTE E DERIVATI	A RETINOLO
LATTE FRESCO	B9 AC.FOL.
LEGUMI	B7 INOSIT.
LEGUMINOSE	B6 PIRODOS
LIEVITO	B9 AC.FOL.
LIEVITO DI BIRRA	B2 RIBOFL.
LIEVITO DI BIRRA	B3 NIACINA
LIEVITO DI BIRRA	B5 ACIDO P
LIEVITO DI BIRRA	B7 INOSIT.
LIEVITO DI BIRRA	B8 BIOTINA
LIEVITO DI BIRRA	PABA AC.AM
MANDORLE	E TOCOFER.
MELONI	A RETINOLO
NOCCIOLE	E TOCOFER.
NOCI	E TOCOFER.
OLIO DI SEMI	E TOCOFER.
PATATE	B9 AC.FOL.
PATATE	N AC.ALPHA
PATATE DOLCI	A RETINOLO
PEPERONI	C AC.ASCOR
PESCE	A RETINOLO
PESCE	B2 RIBOFL.
PESCE	B3 NIACINA
PESCE	B5 ACIDO P
PESCE (ALCUNI TIPI)	B6 PIRODOS

PRODOTTI IN CUI SI TROVA	VITAMINA
PESCE (TONNO E SARDINE)	Q COENZ.Q10
PISELLI	B6 PIRODOS
PISELLI	C AC.ASCOR
PISELLI SECCHI	B8 BIOTINA
PULA (RISO/GERME DI GRANO)	B1 TIAMINA
RENE (FRATTAGLIE IN GENERALE)	C AC.ASCOR
RENI (MANZO E MAIALE)	B12 COBAL.
RISO	B9 AC.FOL.
RUCOLA	C AC.ASCOR
SEMI	B7 INOSIT.
SPINACI	A RETINOLO
SPINACI	B6 PIRODOS
SPINACI	B9 AC.FOL.
SPINACI	N AC.ALPHA
SPINACI	Q COENZ.Q10
TUORLO D'UOVO	A RETINOLO
TUORLO D'UOVO	B8 BIOTINA
UOVA	B5 ACIDO P
UOVA	B6 PIRODOS
UOVA	B9 AC.FOL.
UOVA	PABA AC.AM
UOVA	Q COENZ.Q10
UVA	E TOCOFER.
VEGETALI VERDI	B2 RIBOFL.
VERDURA	B3 NIACINA
VERDURA	B5 ACIDO P
VERDURA	B8 BIOTINA
VERDURA	Q COENZ.Q10
YOGURT	PABA AC.AM
ZUCCHE	A RETINOLO

TABELLA SALI MINERALI 1/5.

SALI MINERALI	MALATTIE CURATE / MIGLIORAMENTI	PRODOTTI IN CUI SI TROVA
BORO	ARTRITE	CAVOLFIORI
BORO		FAGIOLI
BORO		FRUTTA SECCA
BORO		FUNGHI
BORO		MELE
BORO		PERE
BORO		PISELLI
BORO		PRUGNE
BORO		UVA
CALCIO	ALTERAZIONI DEI VASI SANGUIGNI	ASPARAGI
CALCIO	ALTERAZIONI DELLA VESCICA	BROCCOLI
CALCIO	ALTERAZIONI DELL'INTESTINO	CAVOLI
CALCIO	ARTERIOSCLEROSI	FARINACEI
CALCIO	ARTRITE	FORMAGGI
CALCIO	ATEROCLEROSI	LATTE
CALCIO	CARIE DENTALI	LATTICINI
CALCIO	CATARATTA	MANDORLE
CALCIO	COLESTEROLO LDL ALTO	NOCCIOLE
CALCIO	COLITE	PESCE (SARDINE SALMONE)
CALCIO	CRAMPI MUSCOLARI	PRUGNE
CALCIO	CRAMPI MUSCOLARI	VERZA
CALCIO	CRAMPI MUSCOLARI	
CALCIO	DENTI FRAGILI	
CALCIO	DIARREA	
CALCIO	DOLORI ALLE GIUNTURE	
CALCIO	DOLORI DELLA CRESCITA	
CALCIO	DOLORI MESTRUALI	
CALCIO	ECZEMA	
CALCIO	EMORROIDI	
CALCIO	EPILESSIA	
CALCIO	INSONNIA	
CALCIO	IPERTENSIONE	
CALCIO	IRRITABILITA'	
CALCIO	MALATTIE MENTALI	
CALCIO	MORBO CELIACO	
CALCIO	MORBO DI PARKINSON	
CALCIO	NERVOSISMO	
CALCIO	OSTEOPOROSI	
CALCIO	PIORREA	
CALCIO	REUMATISMI	
CALCIO	SINDROME DI MENIERE	
CALCIO	SPASMI BRONCHIALI	
CALCIO	STITICHEZZA	

TABELLA SALI MINERALI 2/5.

SALI MINERALI	MALATTIE CURATE / MIGLIORAMENTI	PRODOTTI IN CUI SI TROVA
CALCIO	TREMORI ALLE DITA	
CALCIO	TUMORE DEL COLON RETTO	
CALCIO	TUMORE DELLA PROSTATA	
CALCIO	VERMI	
CALCIO	VERTIGINI	
CROMO	ARTERIOSCLEROSI	BROCOLI
CROMO	DIABETE	CARNE
CROMO	INVECCHIAMENTO	CEREALI INTEGRALI
CROMO	IPERGLICEMIA	LATTICINI
CROMO	IPOGLICEMIA	MOLLUSCHI
CROMO	PANCREAS	UVA
FERRO	AFFANNO	CARNI ROSSE
FERRO	MAL DI TESTA	FRUTTA
FERRO	PALPITAZIONI	PANE INTEGRALE
FERRO	STANCHEZZA	PESCE
FERRO	VERTIGINI	TUORLO D'UOVO
FERRO		VERDURA
FOSFORO	ASMA	CARNE
FOSFORO	ASTENIA CEREBRALE	CEREALI
FOSFORO	DEPRESSIONE (MIGLIORAMENTO)	FAGIOLI
FOSFORO	MEMORIA (MIGLIORAMENTO)	LATTE
FOSFORO	OSTEOPOROSI	PESCE
FOSFORO		UOVA
FOSFORO		VERDURE
IODIO	ACUTEZZA MENTALE MIGLIORAM	AGLIO
IODIO	ANGINA PECTORIS	ALGHE MARINE
IODIO	ARTERIOSCLEROSI	CIME DI RAPA
IODIO	ARTRITE	CIPOLLA
IODIO	ATEROCLEROSI	FAGIOLI DI SOIA
IODIO	CANCRO DELLO STOMACO RIDUZ.	FRUTTI DI MARE
IODIO	CAPELLI MIGLIORA LA SALUTE DEI	PESCE
IODIO	CRETINISMO TRATTAMENTO	SALE IODATO
IODIO	DENTI	ZUCCHINE BIANCHE
IODIO	DISFUNZIONI DEL METABOLISMO	
IODIO	FERITE	
IODIO	GOZZO	
IODIO	INDURIMENTO DELLE ARTERIE	
IODIO	IPOTIROIDISMO	
IODIO	IRRITABILITA'	
IODIO	NERVOSISMO	
IODIO	PELLE	
IODIO	PERDITA DI ENERGIA FIS./MENT.	

SALI MINERALI	MALATTIE CURATE / MIGLIORAMENTI	PRODOTTI IN CUI SI TROVA
IODIO	POLIOMELITE	
IODIO	POLSO RAPIDO	
IODIO	REAZIONI MENTALI RALLENTATE	
IODIO	TREMORI	
IODIO	TUMORE MAMMELLA INIBIZIONE	
IODIO	UNGHIE	
MAGNESIO	ACIDITA' DI STOMACO	CACAO
MAGNESIO	ANSIA	CEREALI INTEGRALI
MAGNESIO	CALCOLI BILIARI	FRUTTA SECCA OLEOSA
MAGNESIO	CALCOLI RENALI	FRUTTI DI MARE
MAGNESIO	COLESTEROLO	LEGUMI
MAGNESIO	CRAMPI MUSCOLARI	PESCI (ARINGA MERLUZZO)
MAGNESIO	DIABETE	VERDURE A FOGLIE VERDI
MAGNESIO	DOLORI ARTICOLARI	
MAGNESIO	GASTRITI	
MAGNESIO	ICTUS	
MAGNESIO	INSONNIA	
MAGNESIO	NAUSEA	
MAGNESIO	PRESSIONE SANGUIGNA	
MAGNESIO	REFLUSSI DIGESTIVI	
MAGNESIO	SINDROME PREMESTRUALE	
MAGNESIO	SPASMI MUSCOLARI	
MAGNESIO	STIPSI	
MAGNESIO	TIC NERVOSI	
MAGNESIO	TREMORI MUSCOLARI	
MANGANESE	ATEROCLEROSI	ALGHE
MANGANESE	CERVELLO	ANANAS
MANGANESE	DIABETE	AVOCADO
MANGANESE	EPILESSIA	CEREALI INTEGRALI
MANGANESE	MIASTENIA GRAVE	FRUTTA SECCA
MANGANESE	OSTEOARTRITE	LEGUMI
MANGANESE	SCHELETRO	MIRTILLI
MANGANESE	SCHIZOFRENIA	PISELLI SECCHI
MANGANESE	SCLEROSI MULTIPLA	SPINACI
MANGANESE	SISTEMA IMMUNITARIO	TUORLO D'UOVO
MANGANESE	SISTEMA NERVOSO	VERDURE VERDI
MANGANESE	TIROIDE	
MOLIBDENO	ALTERAZIONI NERVOSE	CARNI ROSSE
MOLIBDENO	ANEMIA	CEREALI

TABELLA SALI MINERALI 4/5.

SALI MINERALI	MALATTIE CURATE / MIGLIORAMENTI	PRODOTTI IN CUI SI TROVA
MOLIBDENO	CANCRO ALL'ESOFAGO	FEGATO DI MANZO
MOLIBDENO	CARIE DENTALI	LATTE
MOLIBDENO	CEFALEE	LATTICINI
MOLIBDENO	DISTURBI ALLA BOCCA GENGIVE	LEGUMI
MOLIBDENO	FREQUENZA CARDIACA	ORTAGGI FOGLIE VERDE SCURO
MOLIBDENO	IMPOTENZA	
MOLIBDENO	IMPOTENZA MASCHILE	
MOLIBDENO	INVECCHIAMENTO PREVENZIONE	
MOLIBDENO	PROBLEMI VISIVI	
POTASSIO	ACNE	AGLIO
POTASSIO	ALCOLISMO	ALBICOCCHE
POTASSIO	ALLERGIE (APPARATO RESPIRAT.)	ARANCIA SUCCO
POTASSIO	ANGINA PECTORIS	BANANE
POTASSIO	COLITE	DATTERI
POTASSIO	DERMATITI	FICHI
POTASSIO	DIARREA	FRUTTA SECCA
POTASSIO	DISTROFIA MUSCOLARE	GIRASOLE SEMI
POTASSIO	DISTURBI AI DENTI	LIEVITO DI BIRRA
POTASSIO	DISTURBI ALLE GENGIVE	PATATE
POTASSIO	FRATTURE	RISO INTEGRALE
POTASSIO	GOTTA	VERDURE (FOGLIE VERDI)
POTASSIO	INFARTO DEL MIOCARDIO	
POTASSIO	INSONNIA	
POTASSIO	INSUFFICIENZA CARDIACA	
POTASSIO	IPERTENSIONE	
POTASSIO	IPERTENSIONE	
POTASSIO	MONONUCLEOSI	
POTASSIO	PERDITA DI ATTIVITA' MUSCOLARE	
POTASSIO	PRESSIONE SANGUIGNA (DIMIN.)	
POTASSIO	RENI (MIGLIORAMENTO)	
POTASSIO	REUMATISMI	
POTASSIO	RIFLESSI RALLENTATI	
POTASSIO	STERILITA'	
POTASSIO	STITICHEZZA	
POTASSIO	USTIONI	
POTASSIO	VERMI	
RAME	ARTRITE REUMATOIDE	CEREALI INTEGRALI
RAME	CAPELLI GRIGI	CIOCCOLATO
RAME	CIRROSI EPATICA	FAGIOLI

<u>**TABELLA SALI MINERALI 5/5.**</u>

SALI MINERALI	MALATTIE CURATE / MIGLIORAMENTI	PRODOTTI IN CUI SI TROVA
RAME	FEBBRE REUMATICA	FEGATO DI MANZO
RAME	MALATTIE TIROIDEE	FRUTTI DI MARE
RAME	PELLE FLACCIDA	NOCI
RAME	RUGHE SUL VISO	PATATE
RAME	SALMONELLA	PISELLI
RAME	SCIATICA	VERDURE A FOGLIA VERDE
RAME	TUBERCOLOSI	
SELENIO	ANSIA	AGLIO
SELENIO	ARSENICO	BROCCOLI
SELENIO	ARTRITE	CAVOLI
SELENIO	CADMIO	CEREALI INTEGRALI
SELENIO	CANCRO PROSTATA	CETRIOLI
SELENIO	CATARATTA	CIPOLLA
SELENIO	CIRROSI EPATICA	FRUTTA SECCA
SELENIO	DISTURBI MUSCOLARI	LIEVITO DI BIRRA
SELENIO	ENFISEMA	NOCI DEL BRASILE
SELENIO	GOZZO ENDEMICO	PESCE (SARDINE SOGLIOLE)
SELENIO	ICTUS	RAVANELLI
SELENIO	INFERTILITA' MASCHILE	RENI DI MAIALE
SELENIO	INSUFFICIENZA CARDIACA	TONNO
SELENIO	INVECCHIAMENTO PRECOCE	UOVA
SELENIO	MERCURIO	
SELENIO	PIOMBO	
SELENIO	RAGGI ULTRAVIOLETTI	
SELENIO	STRESS	
SELENIO	TIROIDE DI HASHIMOTO	
ZINCO	ACNE VULGARIS	CACAO
ZINCO	ALCOLISMO	CARNE ROSSA
ZINCO	ARTERIOSCLEROSI	CEREALI
ZINCO	ARTRITE REUMATOIDE	FEGATO
ZINCO	ATEROCLEROSI	FRUTTA SECCA
ZINCO	BRUCIATURE	FUNGHI
ZINCO	CECITA' NOTTURNA	LATTE
ZINCO	COLESTEROLO ALTO	LEGUMI
ZINCO	DEGENERAZIONE MACULARE	LIEVITO DI BIRRA
ZINCO	DERMATITE	NOCI
ZINCO	DIABETE	PESCE
ZINCO	ECZEMA	TUORLO D'UOVO
ZINCO	LEUCEMIA	
ZINCO	PROSTATITE	
ZINCO	SCHIZOFRENIA	

<u>**RINGRAZIAMENTI.**</u>

Dra. Isabel Odriozola Serrano
Ing. Estanislau Fons Solé
Dr. Antonio J. Ramos Girona
Dra. Sonia Marín Sillué
Dr. Robert Soliva Fortuny
Departamento de Tecnología de Alimentos.
Universidad de Lleida (Spagna).

Miriadax (Spagna)

www.ingramcontent.com/pod-product-compliance
Lightning Source LLC
Chambersburg PA
CBHW070120260726
48658CB00001B/192